学生问题诊疗·实战篇

王晓春 ◎ 著

长江出版传媒　长江文艺出版社

图书在版编目（ＣＩＰ）数据

学生问题诊疗. 实战篇 / 王晓春著. -- 武汉：长
江文艺出版社， 2021.10
　（大教育书系）
　ISBN 978-7-5702-2183-7

　Ⅰ. ①学… Ⅱ. ①王… Ⅲ. ①中小学教育－教育研究
Ⅳ. ①G632.0

　中国版本图书馆 CIP 数据核字(2021)第 105528 号

学生问题诊疗. 实战篇
XUESHENG WENTI ZHENLIAO SHIZHANPIAN

责任编辑：黄海阔	责任校对：毛　娟
封面设计：周　佳	责任印制：邱　莉　杨　帆

出版：长江出版传媒 ｜ 长江文艺出版社
地址：武汉市雄楚大街 268 号　　　邮编：430070
发行：长江文艺出版社
http://www.cjlap.com
印刷：武汉珞珈山学苑印刷有限公司

开本：710 毫米×970 毫米　　1/16　印张：18　　　插页：1 页
版次：2021 年 10 月第 1 版　　　2021 年 10 月第 1 次印刷
字数：195 千字

定价：38.00 元

前　言

2006 年，我写了一本《问题学生诊疗手册》，后来陆续加印了 13 次。2013 年，这本书出了修订版，到目前为止，又加印了 18 次。这说明，对于中小学教师来说，问题生教育很现实，很重要，可能不少人也比较头疼。此间和其后，问题生教育一直是我关注最多的研究课题。我在教师培训班上讲课，讲这个题目最多，网上和微信上与老师和家长讨论问题，问题生教育也是花费精力最多的。我自己对这个课题的认识也有所深入，从一般性的问题生教育进展到了问题生诊疗，其科学性、规范性、合作性，都有进步。

四类学生

我逐渐认识到，从教育诊疗的角度，可以把学生分成四个类型。

第一类，健康者。这种学生没有大问题。要说问题，每个学生都有问题，一般的家长和老师有个毛病，老挑孩子的错，没错他也挑出错来，然后放大。实际上这种学生就是个健康人，有点头疼脑热，也不必上医院，吃点非处方药就行了。也就是说，这种学生，通过一般管理和日常教育手段，如表扬、批评或说理，就可以解决，无须进行个案诊疗。

第二类，有问题的学生，但还不属于问题生。他的问题已经比较重，教育效果亦不理想，需要诊疗。这就好像一个人有病了，吃非处方药解决不了，需要看医生，这叫有问题的学生。我们诊疗的案例，不少是这类的学生。

第三类是问题生。问题生的特点是什么呢？一个是他的问题严重，既影响集体，也严重影响他自己。另一个是，教师的教育手段几乎完全无效，有江郎才尽的感觉，不用治疗手段，单纯用普通的教育手段已经无法解决了。这叫问题生。问题生是必须诊疗的。

现在还有第四类。这类学生其实就是第一类，没什么问题，但是他也想诊疗。为什么？他想做预测。比如，他的发展潜力有多大？有没有什么隐患？这种诊疗我们称之为体检型诊疗，这是第四类。这种孩子，一般是比较有特点的。这是个新课题，我们也正在研究。

问题学生诊疗与学生问题诊疗

做个案诊疗，我们一直感觉二三类学生界限模糊，往往难以划定。我和老师们在网上和微信朋友圈里讨论问题生教育，发现老师们发来的案例常常不属于问题生，甚至多数不属于问题生，他们是第二类学生，甚至也有第一类的学生。有些案例一看就不是问题生，有些则需要问诊多时，看到不少材料，最后才能确定他是否属于问题生。但是所有这些学生都确有问题，确实需要研究，也确实值得研究。遇到这类情况，我们总是不管三七二十一就用研究问题生的思路和程序进行讨论，拿出诊疗报告，效果不错，没什么违和感。但是若从严格的科学意义上说，这就已经不是"问题学生"研究，而是"学生问题"研究了。

这种案例占比大了，难免会问自己："问题学生"研究和"学生问题"研究，这种严格的区分意义很大吗？想来想去，觉得意义确实不大。或许从科研角度，对问题生概念做比较严格的界定是题中应有之义，但对于一线教师，这种区分并不很重要，实际上硬要区分，死心眼地非要先界定而后再研究，反而是有害的。

什么是问题生？那应该是一些在行为习惯、心理、品德等方面存在严重问题，且教师用常规的管理教育手段无法解决的学生。这里有两个要点，一个是问题要严重，一个是教师束手无策。但是这两条标准都比较模糊，很难统一。

首先说，什么叫问题严重？第一是影响班集体。他持续地、比较严重地影响班级的生活和教学。所谓持续，指的是他整体上、较长时间看不出明显的进步，有的时候还往后退。这个较长时间是多长？怎么也得一个学期吧。再有就是这个学生的问题严重影响了他本人的进步，趋势不好，不断恶化。这样才是问题生。

但是影响班级也好，影响他自己也好，具体标准都很难确定，这与班主任个人的认知有很大关系。一个刚大学毕业走上讲台的班主任心目中的问题生与一个资深班主任心目中的问题生标准肯定有很大不同；一个研究型的班主任与一个单纯管理型的班主任心目中的问题生标准也肯定有很大不同；男性班主任心目中的问题生标准与女老师的标准也肯定有差距。甚至可以说，班主任个性不同，他们心目中的问题生标准也会不同，性格宽容的老师眼中的问题生，一定会比完美主义的班主任要少。

比如有个学生上课爱说小话，有的老师会认为他这严重影响课堂教学了，有的老师则可能认为这不算严重影响，前者会把这个学生归入问题生之列，后者则不然。再比如什么叫影响自身进步？标准也无法统一。有的学生几次考试成绩下降，老师就认为这是问题生了，而另一个学生成绩一直不好，老师却习惯了，不觉得问题多大；另一位老师则可能认为这个成绩下降的学生虽然有问题，但算不上问题生。到底算不算？有时很难说。又比如有的学生心理有问题，但是他从不扰乱教学秩序，有的老师就认为这不是问题生，有的却认为这肯定是心理型问题生。

这种分歧要不要统一认识？我说不必。你只要说这个学生确实有问题，双方就都会同意，然后该怎么诊断治疗就怎么诊断治疗。

体检式诊疗

我们在实践中又发现一种特殊的案例，这就是第四类学生。教师明知道某学生不是问题生，甚至他都算不上有问题的学生，却要拿来让大家诊断。诊断什么呢？做预测。比如这个学生以后成绩能不能继续提高？会不会下降？他未来适合从事什么职业？他有多大潜能？他的特长是什么？他有什么隐忧？教育这个孩子要特别注意什么？等等。这种案例叫体检型案例。不确定是病人，请你检查一下这个孩子各个侧面，有没有什么问题，以便做到更好地因材施教。有些老师对这种诊疗更感兴趣，因为他班里几乎没有问题生，他更关注的是使学生更上一层楼。家长对这种诊疗兴趣更浓。所以我发现这种检测性诊疗是一个很广阔的领域，未来甚至于可能比问题生诊疗需求更大。正如人类医学需要从治疗为主转为预防为主，学生问题诊疗也需要逐渐把诊疗的含义转化为以"教育体检"为主。防患于未然，可能是未来教育诊疗的主要工作。

不过这第四类学生的诊疗比第三类反而更困难。困难在哪儿？问题生诊疗，是给你摆出了问题，症状明显，心理问题呀，品德问题呀，行为习惯问题呀，问题比较清楚，然后你就顺着问题去找它的原因，找治疗的方法，抓手是明摆着的。而体检式的案例没有抓手，教师或家长仅给你提供一些基础材料，表达检测愿望，至于这个学生有什么问题，你想分析什么问题，这全看你的了。这对诊疗者的要求就更高一些，你要自己发现问题，你得从有关资料看出这个孩子人格有什么特点，思维有什么特点，知识背景如何，现在情绪如何，心理状态如何，职业倾向是什么，将来适合做什么工作，教育他的时候要注意什么。总之你要能看出这孩子跟别人不一样的地方。这就看你的眼力了。体检型的案例是锻炼我们思维能力的好教材，但是要求也是比较高的。这种体检型的案例，他不是来看病的，他甚至也不是让你看他有病没病的，他就要求你对孩子有个印象，有个评估，搞清他的特点，然后提出点建议。此事假设性和预测性很强。问题生个案诊疗侧重的是治病，而体检型的学生个案研究侧重的不是治病，是发展，看这个孩子往哪儿发展比较好，怎么发展比较好，他的强项和弱项，长处和短板，侦察的是这个。这是一个专题，我觉得将来可能发展成一个学科，前景非常广阔。因为问题生毕竟是极少数，而需要体检的，想了解自我的学生太多了，但是现在这方面的研究还是比较少的，将来肯定需要。

如今教育专家多如牛毛，关于教育的言论谁都能说两句，听起来都有道理，最后家长就晕了，甚至谁也不信了。然后家长就说，你甭跟我说多了，你就告诉我，我们家孩子有什么特点，应该怎么办。这正是体检型学生个案研究的内容。家长需要，学生将来也一定需要。现在教育界有一个非常响亮的口号叫作"活出自我"，但活出自我的前提是你得知道自我是怎么回事，你不能乱活。你是一个理科男，你想活成一个作家，那太困难了。以后学生自我意识越来越强，他肯定想知道自己怎么回事。这也正是体检型学生个案研究的一个内容。教师如果愿意进行这项研究，选择什么样的学生做样本最好？

1. 与众不同者。他那材料，他本人的表现，有点儿特殊。像现在我们研究的案例小翔（参见本书案例部分）就很好，他那个五项图很奇怪，早期记忆看起来也奇怪，这就值得研究。一般性的，跟大家差不多的案例，也可以研究，但是往往难以发现更多的东西。

2. 矛盾者。什么叫矛盾呢？就是他平常的表现和我们看到的心理档案材料对不上。比如说他平时表现非常阳光，可是他的早期记忆也好，词语联想也好，比较阴暗，这就不对了，这就有研究价值。还比如说他的早期记忆跟他的词语联想相矛盾，不一致，早期记忆里面人际关系很明显，词语联想里涉及人际关系的词语极少。那就不对了，必有文章。矛盾特别能启发人思考。

本书的写法

到这里，我们就可以总结一下本书的特点了。本书可以说是《问题学生诊疗手册》的姊妹篇。它与《问题学生诊疗手册》的区别是：

诊疗对象比《问题学生诊疗手册》里的要大，其中涉及的案例，非问题生不少，所以题目就变成了《学生问题诊疗》。也就是说，和《问题学生诊疗手册》相比，本书扩大了学生问题研究的范围，不再限定为问题生了。这种扩大有一个好处，使我们的诊疗适应性更大了，但也有一个弊病，你会发现老师也好，家长也好，会不大一点事就拿来诊断，其实不必要。学生的多数问题是无须诊疗的，诊疗者也没有那个精力。正如人们得些小病无须上医院一样，学生的多数问题通过一般性的管理和教育就可以解决。因此，虽然我们扩大了诊疗的范围，但还是要强调，只有问题较大，才需要进入诊疗程序。至于体检型的诊疗，最好也施于特点比较明显的学生，不是每个学生都需要做的，至少目前还做不到这一点。

更具实战性。《问题学生诊疗手册》里虽然也有不少例子，但比较注重理论体系的完整性。本书则不然，完全是从实例出发的，忠实地记录了我和一线教师们讨论的一个个案例的思考过程。这些案例多数是在一个叫作"王晓春问题生教育研究组"的微信群里讨论过的，这个微信群是在国家教育行政学院做教师培训工作的钱少月老师帮我建立的。本书行文中所谓的"我们研究组"，指的就是这个组。本书引用的案例，凡是没有注明出处的，都来自这个微信群。本书案例讨论集中于下篇，而上篇侧重阐述理念，思路，策略。上篇的一些短文，有些是我在案例讨论中的插话和小结之类的发言，抽出来编纂成上篇，只是为了阅读的方便。本书并不注重外在的理论性和系统性。也因此，本书在"学生问题诊疗"后面，加注了"实战篇"三字。这种案例讨论，现在仍在进行中。

我们的师范教育，理论太多，实践太少，大多数毕业生只会写论文，给他一个孩子的资料，他诊断不了。我们的教师培训，我感觉有些专家也常常是套话太多，不接地气。当然，我们无力改变师范教育和教师培训的这类状况，只能努力做好自己的事情。

感谢钱少月老师，感谢在微信群里发言的每位老师。

2021 年 5 月

目录

CONTENTS

下篇 案例讨论

上 篇

理念，思路，策略

这些短文比较随意，因为它们有些是我讨论案例时即兴而谈的感想。 内容有的是我自己的感悟，有的是对讨论者的引导，有的是随时的经验总结。 编辑本书时，我把它们从案例讨论中抽出来，简单做了分类。 文中所说的问题生教育的观点和办法，基本上都可以运用于非问题生的教育和体检型诊疗上。

一、学生问题诊疗的理念

1. 班主任为什么要学习问题生诊疗？

教育问题生，并不意味着放弃优秀生。问题生的"问题"往往具有普适性，解决了这些"问题"，才能更好打造健康的班集体。

yanghaijian：关于问题生研究，我校有老师提出："天天研究问题生，花那么多的时间，有什么用呢？优秀学生怎么办？作为一名班主任，我们的重点是培优，要大面积培优。"我回答说，班级管理有三个方面：日常管理、班风建设、问题生教育，班主任工作的重点是班风建设，其中日常管理、问题生教育用的时间越少，越说明这个班主任的能力强。我举了个例子，自从加入"王晓春问题生教育研究组"，我对待问题生的心态改变了许多，和问题生关系比较融洽，本学期我几乎没有请过家长，没有学生和我顶嘴的，我的幸福指数、生活质量提高了许多，班级比较安稳，利于全体学生的学习。虽然此次期末成绩不太理想，我想这是由学生原来的基础决定的，总体上还是有进步的。

据我观察，某班主任面对问题生管得过火，天天请家长，批评打骂学生，和问题生撕破了脸，师生关系严重对立，班级管理有点失控，严重影响了整个班级的学习环境，造成成绩下滑。关键是，班主任天天气呼呼的，那还有什么幸福感？还有一个班面对问题生不敢管，其实是不会管，造成班级纪律涣散，缺少凝聚力，整体上成绩也有所下滑。我觉得研究问题生很有必要，但教育问题生花费的时间不能太多了，中心还是全体学生，否则就喧宾夺主了。王老师若能谈谈优等生的培养和教育，我相信一定会更受大家的欢迎！

杨老师提了一个非常好的问题：班主任为什么要研究问题生？这个问题生的教育，不能孤立地看。问题生是班级的一部分，问题生如果教育不好，有的会把你的班级弄得很乱，就是所谓"一粒老鼠屎坏一锅汤"。另外他会牵扯教师的大量精力。曾有老师跟我说，他百分之七八十的精力都应付那几个问题生了。这样的话，你其他的工作就很困难，你自己生活也不幸福，所以问题生教育是一个现实问题。

如果哪位老师运气好，你的班里没几个问题生，那我一方面祝贺你，另一方面告诉你，你将来会碰钉子。这事你躲不开，只要你是当老师的，不管你在重点中学还是在普通中学，都会遇到问题生，问题生教育是班主任的基本功，你不学这个，早晚会有头破血流的时候。

不要认为问题生是特殊的学生。问题生也是学生，也是人，他们身上的很多问题，普通的学生甚至优秀生也有，只不过没那么严重。问题生的特点是什么呢？他把问题凸显出来了，极端化了，典型化了。所以你研究问题生的问题时，实际上是在研究所有学生的问题，你在问题生研究上得到的经验用在普通学生和优秀学生身上也是有效的。弗洛伊德、荣格这些大心理学家，他们都是临床医生，他们对人心理的研究是从研究什么人开始的呢？病人，精神病人，不是正常人。可是从这些人身上研究出来的规律，用在正常人身上也是合适的，也是有用的。教育者要了解自己的工作对象，以问题生为抓手，也是很好的途径。千万不要认为问题生是完全特殊的人。

更重要的一点是，如果你研究过问题生，你剖析过一些案例，你的思维方式，你的心态都可能发生一些变化，你整个的专业素质、业务能力就会有一定程度的提高。问题生教育抓得好的老师，做优秀班主任并不困难，因为好学生容易教育，在一定的意义上，你不费劲。费劲的学生你都不怕，不费劲的你难道还怕吗？大江大河都过来了，小河小沟还怕吗？比如说我，我曾经教过"秃子班"，满班都是问题生，没有一个女生。"秃子班"里这样的学生，我若能把他们顺利送毕业，其他的我还在话下吗？这是能力的一种标志。当然，我不主张老师在问题生身上花太大的功夫，因为你面对的是一个班，要为多数人服务。问题生一个学期研究一两个就可以了。问题是你研究完了，下学期你就不是原来的你了，你水平提高了。所以我觉得抽点时间研究研究问题生，恐怕是值得的，你要觉得不值，你就别研究，什么时候碰了钉子再来研究，还是有效的。

杨老师还提出了一个优秀生的教育问题，我也说几句。优秀生好教育，那只是一面，另一面是优秀生比问题生还要难教。难在两点，第一点，优秀生对教师整体素质要求更高。优秀生水平高一些，希望老师能指导其人生。教师要有人生导师的水平和心态，优秀生才真服你，这不是每个老师都做得到的。问题生主要是行为矫正，优秀生是人生指导，这不在一个层次上。所以我们会发现，有很多特别优秀的学生，毕业以后对班主任比较冷淡。班主任觉得这个学生不知感恩，但是在这个学生心里，可能真的觉得你没教他什么，你只教了他一些知识，在人生重大问题上，你真的可能没对他指导过什么。我个人回忆自己的初中和高中，没有一个班主任对我的人生有重要的指导。我对他们很礼貌，很尊敬，但是你要让我多么感谢他们，真的不是特别多，我得说实话。我是比较好的学生，成绩一直不错的，而且我有自己的想法，老师他根本不知道。

优秀生难教育的第二点，是对未来的预见能力。优秀生里面有些将来可能要出问题，这个需要更高的能力、洞察力和预测能力，提前发现问题加以帮助。这对老师的要求就更高了，一般的老师，实事求是地说，他做不到。优秀生的教育其实是更难的，表面上很容易，你甭管他，人家自己能往前跑。但是各位老师，如果你真想做导师型的老师，那你本人的学养、素质，要大大提高。只有这样，你才有资格面对真正优秀生的教育，这不是那么容易的。

2. 学生个案诊疗与学校心理咨询的区别

个案诊疗从教师的教育教学角度出发，我们是站在教师的立场而不是站在病人的立场提出问题的。

我曾收到一位小学老师发来的三个案例，是心理咨询的路子，学校心理老师写的。两个是有暴力倾向——打人，还有一个是情绪控制不好和失眠。我因此就想到了现在学校的心理咨询跟个案诊疗的区别，这个差别挺重要的。

二者最大的区别是，我们属于教育学的一部分，而心理咨询基本上是医学，它属于医学的一部分。医学有个特点，尤其是西医，它是只见树木，不见森林。它只看这病，其他的不管，分科越来越细。比如说你到医院里去看胃病，医生就只看你的胃，至于你这人干什么工作更能实现自我，他不管，你结婚没结婚，要不要孩子，他不管。医生这么做是对的。我们作为学校的老师，我们搞个案诊疗，不能这么做。我们心中必须有这学生的德智体各个方面的整体看法，怎么有利于他发展，我们应该有一个估计。就是说，你心里头有一个全人，你不是单给他治上课说话或者打人的毛病。这毛病是他整体人格的一部分，我们的工作特点是在教育教学的背景下，在德智体各个方面的背景下来观察这个孩子，在家庭教育、学校教育、社会教育的背景下，甚至在文化的大背景下，来研究这孩子的问题到底在哪里，怎么处理。这是个案诊疗和心理治疗的最大区别。

心理治疗和个案诊疗首先都要提出问题，但是提问的出发点不一样。心理治疗的问题，出发点是一个单项，这孩子有什么毛病。从病人的病症出发。个案诊疗则从教师的教育教学角度出发，我们是站在教师的立场，而不是站在一个病人的立场提出问题的。比如我们看某学生学习习惯不好，我们不但看到他本人行为不好，我们还会看到他对集体有没有影响，因为我们是老师，我们是班主任，我们是一个有行政色彩的领导，我们是在集体教育的背景下观察个别学生的问题，心理医生没有这个视角。

心理学有很多流派，各流派有些特定的心理测验方式和治疗方式。我最近收到几个案例，用的是沙盘游戏和画房树人图。你学的是哪派心理学的模式，你就得跟着人家走，按人家的办法，做人家那套分析。这个是心理学的特点，有门派。我们个案诊疗没有门派，我们不管哪一派，只要觉得有道理，用起来方便，有效果，就拿来用。我们是教育者，不是医生，两种职业不是一个劲儿。

心理测验在心理治疗的过程中，处于核心地位，搞沙盘的，你不让他沙盘推演，下一步他就没办法了。我们不是，我们的个案诊疗也用心理测验方法，比如说我们常用的是早期记忆分析，词语联想，也画图，但是这些东西在我们的整个诊疗过程中，只是一些调查方式，不一定是核心。有可能我们通过谈话了解的东西比那个心理测验还多，或者是有些案例完全不搞心理测验，也可以进行诊疗。但是我们离不开调查研究。对我们来说，心理测验只是调查方式之一种，只是调查研究的工具之一。

心理测验和个案诊疗，哪一个办法更好一些呢？我个人认为在中小学，恐怕还是个案诊疗更符合实际，更符合咱们的国情，更接地气，也更有效果。当然这只是个人看法，究竟如何，还需实践来检验。

3. 诊疗中的沟通、宽容与爱

宽容是一种清醒，一种科学态度。教师没当过问题生，很难理解他是怎么过来的，不要轻率地用我们的经历来判断他。

我们要和人沟通，首先得想办法找到对方的心路，然后才能走进去。想让孩子变化，常常你自己得先变。很多老师他自己老是那一套，不变，却希望孩子改变，孩子不变，他就生气了，或者是没招儿了。要努力改变自己。

我们的诊疗研究，它的主要目的不是变别人，而是变自己。所谓提高素质，就是把自己变了，你的想法啊、思路啊等都提到一个新高度。孩子心灵都是有门有窗户的，但并不在一个方向，不在一个部位。问题生那个心灵之门，往往开的不是一般的地方，要找那个门是不容易的，所以才需要研究。我们一定要注意，所谓问题生，就是用一般的办法解决不了的学生。要教育他们，只有提高自己的素质，我比别人多一招，你想不到的我能想到。这不就是高水平的老师了吗？我们要学的就是这个。

有时候我们跟学生谈话，会发现他一脸茫然，没有任何反应，木头一样，这种情况往往会使我们很生气。其实这种情况也在成人世界里发生，开教师会的时候，您抽时间回头看看，一定会发现，领导在讲话，有些老师，他的表情也是呆滞的，茫然的。实际上任何一个人，只要被迫听他不感兴趣的话题，他的表情差不多都是呆滞的、茫然的，这很正常。这种情况，就好像我走进了死胡同，过不去了，又好像我拿一把琴对牛弹奏，牛没有反应，接着吃草。请问您走胡同走不进去，您能怪那个胡同吗？您对牛弹琴，牛没反应，能怪牛吗？一个明事理的教师，有研究意识的教师，遇到这种情况立刻就会意识到，是我错了，这条路不通了，我应该另想办法。所以各位，如果您和学生谈话，学生出现这种表情的时候，建议您立刻停止，什么都不做了。您先停下来，然后回家自个琢磨去。如果您生气责备学生，那您想想，是他可笑呢，还是您可笑？还是你们两个人都可笑呢？有很多老师跟我诉苦，说我要走入学生的心，他没有反应。这就相当于一个人走进死胡同，不怪自己走错路，却怪胡同不配合。这听起来好笑，可许多老师真的就是这样。我们千万仔细想想，想不通这个道理，您永远也成不了研究型教师。

对于问题生的宽容，被很多优秀教师和专家们解释成是爱，特别的爱给特别的你。我理解，不是。宽容是一种清醒，一种科学态度。教师没当过问题生，很难理解他是怎么过来的，他有什么苦衷。既然我理解不了，我就尽量想办法去理解。同时呢，我既然知道自己对此缺乏理解，我就有自知之明，不要莽撞，不要站着说话不腰疼，不要轻率地用我的经历来判断他。他跟我的经历不一样，想法自然不一样，他可能也不是完全没有道理。既然如此，我就得宽容一点儿。

宽容就是这么回事，不是像有的人说的是爱。有的问题生言行相当错误，我凭什么爱他呀，我不是爱。那是什么呢？是诚实面对。他有他的逻辑和道理，我需要冷静下来，把他的逻辑和道理搞清楚，然后呢，如果他错了，我再加以调整。我不从主观愿望出发，教训你应该如何如何。现在很多老师脑子里都是应该如何如何，这不是科学的态度。科学家是不讲"应该"的，"应该"是道德语言。

4. 有疗无诊现象

我们研究问题生教育，最终目的就是要有诊有疗。诊与疗，应该根据实际情况而有所侧重。

注意观察我们会发现，中小学老师在日常工作中，绝大部分情况下是无所谓诊断的，遇到问题就抓，所谓抓，就是治，就是管，没有什么诊断。这种情况似乎很不科学，很不高明，但其实有存在的理由。在老师的日常工作中，有疗无诊这种情况是有其合理性的。为什么合理呢？有这么几条理由。

第一条，老师们的日常教育工作以管理为主，管理这事，天然就要有一刀切的色彩，你不一刀切，就没法儿管了。上课铃响了，学生说本小姐不想上课，还想在外边玩一会，行吗？这不管什么理由，得让你先上课，对不对呀？这就得一刀切。

第二条，诊断是具体问题具体分析，被诊断者都有个性。我们现在对个性宣传得很厉害，说什么每个人都是独一无二的。作为文学语言，这么说是可以的，然而实际生活中，人的个性特点并不是都很突出的，有相当一部分人是可以分类的，一类人都有类似特点，个性极突出的人其实挺少的。我们可以说每个人都有个性，但是这个差别是比较小的。既然大家差不多，那就不一定非得一个一个诊断再采取措施，所以有疗无诊，在这一方面也是有道理的。

第三个理由就是教师精力不够。现在虽说提倡小班，班额也还是挺大的，40多人的班常见，更大的班也不少。如果一个一个学生进行诊断，具体问题具体分析，实在是没那个精力。老师总要休息，老师又不是神仙，对不对？这也是个理由。

第四个理由是老师们一般不太愿意谈到的：诊断需要诊断能力，需要具体问题具体分析的能力，对于人的思维能力要求是比较高的，恐怕有很多老师并没有这个能力，你让他诊断，给他时间诊断，他也诊断不出什么来。这也是我们很多教师日常工作中有疗无诊的一个重要原因。

所以可以说，有疗无诊，缺乏诊断，是中小学教师工作的常态，有诊有疗倒是比较特殊的情况。我们这个研究组里都是研究型教师，或者起码是想做研究型的教师，我们就不能有疗无诊了，我们必须有诊有疗。

但是我在这里特别要说的一点是，即使像我们这样一个群体，我们对诊和疗也应该是有所侧重的，不全一样。有些案例应该重点研究治疗的部分，诊的部分作为非重点。这是什么情况呢？一种情况是这学生问题比较清楚，原因也比较清楚，不属于疑难杂症，属于常见病，多发病。这种情况，我们就不必把精力过多地放在诊断、分析、研究上，而要用更多的精力讨论怎么办，因为即使同样的病，治疗方法有很多种，在治疗方面也需要有创造性。第二种情况就是孩子小。小学几年级的孩子，你想认真地挖一挖他的人格特点等等，有点儿早。这时候我们也是要多在疗的方面下功夫，看有什么招能让孩子有所转变，至于他的人格特点、他的思维方式，有的还没有显现得特别清楚，我们可以不侧重地抓他这个方面。

当然有些案例是应该以诊为主，不深入分析搞不清楚，这就属于疑难杂症了。疑难杂症必须把重点放在诊断上，否则你后面的治疗无从着手。问诊也好，会诊也好，都要下功夫。

我们这些想研究个案诊疗的老师，对待不同的案例，疗跟诊的侧重点也是不一样的。比如，杨老师提供的案例中的小刘，我觉得这个学生，就应该在治疗方面多下点功夫，不要在诊断上过多纠缠，因为他的问题比较清楚，比较大众化，这种情况是常见的。小学成绩很好，到中学下来了，尤其理科不好，女孩子为多。这种情况我们就应该重点研究一下对策，看看能解决到什么程度，不必过多争论她的人格特点等等。

下面是有关问题的讨论。

夸克：今天听了王老师关于把重点放在"疗"上面的录音，总结了如下两种情况可以把重点放在"疗"上。

1. 学生问题比较常见，比较普遍。如上面女生到初中成绩退步的案例。

2. 学生年龄小，各方面未成型。

我觉得，是否还有第三种情况：比如在"诊"的这一方面困难较大，材料分析难度大，得出结论不容易。或者分析材料的几个老师分歧较大。这个时候可以把重点放在"疗"上面，反过来根据"疗"的现象反馈来倒推帮助"诊"。

一般我们是先诊后疗，对于特殊情况，我们也可以边疗边诊。

我觉得夸克老师说得很对，确实有这种情况，需要边疗边诊。这种情况跟前两种情况不同在哪呢？前两种是我们根据情况确认，对于该生，治疗比诊断要重要一些，于是把治疗放在第一位，把诊断放在第二位。我们是自觉主动这样做的。这第三种情况不是。第三种情况，其实我们还是很想把它诊断清楚，到底是什么问题，但是诊不动，诊不出来，或者是诊断的意见高度不一致。那怎么办呢？作为教育者我们又不能不管学生，我们只好先治着。根据什么治疗呢？就是根据常规的、我们通常用的治疗办法。就是管吧，劝吧，或者我们听到一些偏方什么的，我们就治着试试。过程中可能对我们诊断有所启发，或者过段时间我们突然发现新情况，我们就诊出来了，知道这是怎么回事儿了。也就是说，这种治疗其实是等待时机，是一种临时的措施。这不是我们有意的，是不得已地把治疗放在第一位，把诊断缓一缓。这不得已的办法有时候也是需要的，夸克老师说得很对。

夸克：是的，我觉得这种情况下，边疗边诊，一是稳住，二是等待，三是试探。

5. 学生问题与教育方法的因果关系

> 在问题学生诊疗的过程中，往往我们认定的某种因果关系，未必是真正的因果关系，甚至与事实没什么关联，所以我们要注意，要从千头万绪中找到真正的因果关系。

一个学生出现了一些变化，到底这个变化是哪个原因造成的？若有几个原因，哪个原因是主要的？这很难判断，非常困难。

我印象最深的一个例子：有一位老师给一个问题学生（中学生）做工作，他主要的办法就是关爱，讲了一些道理，所谓动之以情，晓之以理，就这两招吧。这孩子有了很大的进步，教师特别高兴，他当然会认为这是我做工作的结果。

可是我后来问了问这个孩子，我说你现在进步这么大，你能告诉我主要原因是什么吗？他跟我说，其实就是碰到他一哥们。他的哥们辍学了，去打工，活得很艰难，就跟我们这位同学说："哥们，你可别退学，别学我，这条路我走错啦，但是我回不去了。社会不是好混的，滋味不好受。"这个同学受了很大的震动，回到学校以后，他就变了，很有进步。老师完全不知道这回事，就自以为是自己动之以情，晓之以理的结果，于是就把这个成果写进了自己的总结报告，别人听了也很感动。其实不是这么回事。

当然，老师做的工作，也不能说没有作用，但不是主要的，教师不知底细。如此不知底细有什么坏处呢？最大的坏处就是，你以为你开的药方管事了，下回你还会照方抓药，结果即使你的工作有成绩，你的业务水平也并没有任何提高。这是最可怕的。

我们成立问题生教育的研究组，就是要提高老师们真实的教育水平，不是为了让你去得个奖状，当优秀教师什么的，不是这个意思。其实如果你真正调查一下，你会发现很多学生的所谓进步，真实原因是非常复杂的，主要原因未必是班主任工作的结果。有的是某个科任老师起了主要作用，有的是他的朋友起了主要作用，有的是他的家长起了主要作用，有的都不是，他自愈了，这种孩子自我教育能力强。有些老师招数是对的，但也可能是蒙上的，误打误撞，有的甚至是歪打正着，他的办法是错的，但是可巧那孩子吃这套，它就管事了。

这些成绩，我们都应该肯定，你甭管怎么着，这孩子教育好了，你可以得奖状。但是你的业务水平提高了吗？咱们要的是这个。为什么很多优秀班主任作报告，大家感动得热泪盈眶，回去照他那样办却不灵呢？有老师跟我说，我遇到的情况和他完全一样，我用同样的办法，怎么就不行呢？我回答：你认为完全一样，实际上可能还是有差别的。另外那个介绍经验的老师，她用她的招数解决了问题，但是否真的是她那个招数起的作用，她未必清楚。也就是说，从表面上看，她开的药方起作用了，她就以为是这个药起的作用。其实并不一定。

为什么教育界专家这么多呢？其中有一个重要原因就是教育的因果关系很难判断。比如说我提倡赏识教育，十个学生有三个管事了，我就宣扬这三个，其他的学生我不提，你会觉得赏识教育真灵。真实情况是有的人真管用，有的人真不管用。这需要调查研究和具体分析。

所以我们搞问题生教育，学生如果真的有进步了，千万不要高兴。当然，我有权高兴。学生进步了，当老师的干吗不高兴？我说的是从科学角度，不要高兴。因为这个学生的进步究竟是什么原因造成的，你未必清楚。有的老师就问我："王老师，那我怎么才能弄清楚？"最好去问学生本人，一般学生本人告诉你的情况是真实的。你对他说："你跟我说实话，你最近确实有进步，什么原因造成的？跟我的哪项工作有关。要是跟我完全无关，你也照实说，别客气。"问他的好朋友也可以。千万不要主观地认定，也不要完全听家长的。有的家长他是客气："老师，您真棒！您做得真好！在您的教育下，这孩子进步飞速。"这是客气话，人家这么说也是可以理解的，咱们不要太当真，因为咱们是搞科学的。

我们能不能精确地像自然科学那样确定哪个原因造成哪个结果呢？据我搞一辈子教育的经验，我跟大家说实话：不能。教育不是自然科学，有人甚至认为教育不是科学，这个说法也不是完全没有道理。教育，你没法精确地、准确地判定哪个跟哪个是因果关系，太复杂了。但是我们又必须朝这个方向努力。你清楚一点总比不清楚强。现在很多老师，工作就是习惯动作，习惯思维，学生有点进步，他就算在自己的账上。这会造成自我蒙蔽。

进步是这样，退步也是这样。如果有一个学生突然退步了，各位也不要轻易算在自己的账上。其原因也是很复杂的，可能有你工作的失误，也可能你的工作失误不是主要的，甚至可能你没有失误，学生因为其他原因退步了。怎么办呢？找到原因，治疗就是了。

一个真想提高自己业务水平的老师，他会特别重视出乎意料的东西。只要某学生的变化出乎自己的意料，他就认为这是一个提高自身专业素质的好机会。因为你看错了，你认为他会挺好，他突然就退步了，你认为他好不了，他忽然进步了。遇到这些奇怪的现象，一定要反复地问怎么回事，你会增长很多的经验，会越来越专业。

海蓝蓝：前段时间，一个老师和我讨论她学校的一个女生，这个女生问题比较严重，已经出现了幻听和幻视。幻听和幻视一般被视为精神分裂的前兆，所以，作为心理老师，她对此束手无策，而且这个家庭不可能支持这个学生去治疗，学校一旦知道这个学生疑似精神分裂，势必让她回去。所以，她就和这个学生一直耗着，已经耗了一个学期，前两天，这个老师告诉我，疑似精神分裂的这位学生好了。不过，好像和她的咨询没有关系，老师问这个学生，为什么好了，这个学生说，她看了《瓦尔登湖》和另外一本关于动物情感的书，觉得她不能再这样下去，要过有意义的生活，不能再像她父亲那样活下去。这就如王老师说的，结果只有一个，原因可能是千千万万，简单归因不适合教育诊断，教育诊断说的是相关性而不是因果。

我曾经遇到一个老师说，学生经过他一个学期的工作，变好了，这个学生的变化我确实也看到了，但我去问这个学生，他告诉我："受不了××老师一直找我谈话，我不改变，他天天找我，弄得我没法生活了。"

海蓝蓝老师这个案例很精彩，这类情况其实挺多的，我们认定的某种因果关系，其实并没有因果关系，有的甚至都没什么关联性，所以我们要注意，我们可能在不经意的时候就把自己给骗了。当然，也不要走向另一个极端，认为不存在因果关系。所谓因果不过是一些暂时的联系而已。要是那样，教育不成瞎猫碰上死耗子了吗？谈不上一点科学性了。它还是有因果关系的，只是不要把它说得太绝对了，一定要多问问，多留一个心眼。

我们给别人介绍经验的时候，一定要把有关的事情推敲一下，核实一下，争取让您的发言、您的经验更可靠一些。即使如此，您说话也要留点余地。你们看我分析案例，一般都用这种话：可能如何，大概如何。注意这不是谦虚，这是实事求是。事实证明，你做不到绝对准确，能大致准确就很不错了，这是吹不得牛的。顺便说一下，真正的谦虚不是假客气，就是实事求是，他做不到的事儿，他就说做不到。如果您是一个普通教师，经常听一些优秀老师啊、模范班主任啊，还有什么专家呀讲课，那你就要注意，听别人说话，不可全信，包括我现在说的话，不可全信，多留几个心眼，不要盲从。我们以后听别人发言，尤其说具体的案例的时候，只作为参考，真正是不是这么回事，我们得用实践来检验，这样的态度才是正确的。

6. 关注表现优秀的心理问题生

表现优秀的心理问题生的特点是很隐蔽的。孩子不说，家长也不说，实在憋不住了，就爆了。老师们一定要密切注意优秀生的反常言行。

网络上曾热议北大高才生吴谢宇杀母案，令人十分痛心。我于是想到了一种问题生，在《问题学生诊疗手册》那本书里，我把这种问题生命名为"好学生型的问题生"，现在我想，可以把它归入心理问题生里面。它是一种什么样的心理问题生呢？是表现优秀的心理问题生。我读到一篇文章说，这种学生，出身于教师家庭的比例比较大，吴谢宇的母亲就是中学教师，这很值得注意。为什么教师的孩子容易出现心理问题生，而且是表现优秀的心理问题生？

教师的思维方式倾向于控制。他是管理者，会不知不觉地把他的思维方式迁移到家庭中，也就是说，他在家里面也扮演教师的角色。教师是搞教育的，他对教育比较自信，教师的孩子学习成绩绝大部分也都很好。教师的生活规律适合学习，也能辅导孩子。这样他就越来越自信，孩子也自信，家长也自信，家长的期望值呢就不是一般的高。

教师又好面子，我是当老师的，我的孩子怎么可以学习不好呢？那太丢人了，所以他就逼迫孩子学习，有意无意的、公开的或者隐蔽的，硬的或者是软的，各种手段都用上。孩子小的时候无力反抗，只好服从，也就成绩斐然，但是他很压抑。什么是他的自我？不知道。他的特长呢，也搞不清楚，反正就听我爸爸妈妈的。中小学教师的思维方式，多是比较死板的，他们的生活比较单纯，从校门到家门，生活经验不丰富，社会上三教九流都不熟悉，江湖的事情不知道。中小学教师本身就比较单纯，孩子呢，缺乏生活经验，缺乏应变能力，一旦走上社会以后，就特别容易受挫折，受挫折就容易出问题，长期压抑，也容易出问题。表现优秀的心理问题生的特点是很隐蔽的，家长好面子，家丑不外扬，孩子不说，家长也不说，憋呀憋呀，实在憋不住了，就爆了，一爆就是大事。

怎么发现这种问题生？关键是发现苗头。一般说来，当你发现他是问题生的时候，已经晚了，出事儿了，所以提前感知是关键。当班主任的一定要密切注意优秀生的反常言行。如果你突然发现哪天某优秀生说出根本不应该是他说的话，做出根本不应该是他做的事情，那你要注意，要留个心眼儿，然后要小心调查一下。还可以通过好学生的好友尤其知心朋友来了解情况。我的经验，这种学生有心里话是不会跟家长说的，一般也不会跟老师说，除非跟老师关系特别好，但是他可能会跟他好朋友透露一点儿。再有就是日记，作文。有的时候日记和作文里他会突然说几句让你吃惊的话，这也要注意。采集早期记忆和词语联想，也可以发现这种学生。比如他表面特别阳光，没有问题，可是在词语联想里面出现一些非常阴暗的词，那就不对了，可能他心里埋藏着一些东西。早期记忆中也可以看出问题。心理测验是发现这类问题生的重要方式。

一般说来，表现优秀的心理问题生出现在中学以后。小学为什么很少呢？因为他还没有被压抑到爆炸的程度，他还承受得了，到了中学，忍受不下去了，翅膀也硬点了，就要反抗了。

各位老师，我说这些是什么意思呢？两个意思。一个意思是，如果您发现周围有这样的疑似案例，一定要引起重视。另外呢，您也是家长，教师同时也是家长，您要注意自己的孩子。如果有什么问题，您要往这方面思考。当然，也不必杯弓蛇影、草木皆兵，小心一点就是了。

7. 个案诊疗：中学生与小学生的区别

中学生的人格已经粗具规模，通过心理测验和行为观察，比较容易看清他这人究竟怎么回事儿，甚至在将来的发展，我们都可以看出个轮廓来。所以中学的个案诊疗常常以诊为重点。

学生个案诊疗，小学部分和中学部分有什么区别？我处理过很多小学的案例和中学的案例，比较了一下，大致有如下这些想法。

小学的案例，一般以疗为主，不太侧重于诊，特别是小学低年级。为什么？因为孩子的个性，他的人格特点等，都还看不太清楚，你要想诊的话，确定性比较差。这就好像地里的菜苗，除非很有经验，它刚开始长出来的时候，你不太容易分辨这是什么菜，等它长出几片叶子以后，你就看得很清楚了。孩子年龄小的时候，他的早期记忆还没有完全形成，该抹的记忆还没抹掉，他的词语联想呢，词语少，你看不清楚。所以小学的诊疗一般侧重于疗，就是管理。

小学的问题生基本上没有品德型的，他们三观还没形成呢。心理问题生小学是有的，但是也看得不十分清楚。小学生出现的问题，无非是行为习惯不好，社会化障碍，有的暴躁，有的沉默不合群，常见类型是挺清楚的，所以小学老师一般就是这样：我搞不清楚什么原因，我也没太大的必要搞清，我就管，就引导，软的硬的，各种办法，解决了就解决了。小学老师常常是这么做的，我觉着也不是没有道理。

另外，小学的个案诊疗还有个特点，你管着管着，就会发现跑到他家里去了。小学生的个案诊疗，很容易转化成家庭教育的个案诊疗。他们家的家庭教育肯定是有问题的，于是呢就得进行家庭教育个案诊疗。家庭教育个案诊疗也是咱们的一个研究题目，但是这个目前咱们没有很大进展，因为这事很难。家长要是不愿意，你凭什么诊疗我？一点儿办法也没有。这事儿咱们下一步再研究。

中学就不一样了。中学生的人格已经粗具规模，通过心理测验和行为观察，比较容易看清他这人究竟怎么回事儿，甚至在将来的发展，我们都可以看出个轮廓来。所以中学的个案诊疗常常以诊为重点，我们得琢磨这是个什么人，他的个性特点是什么，他的思维方式特点是什么，他的知识背景是什么，大致都能瞧出来。老师觉得中学生比小学生更有嚼头，更有研究价值，就是这个原因。你可以往深里刨了，小学呢，你往深里刨比较困难，他还没有多深呢。所以中学的个案诊疗，诊的过程常常要费去我们很多时间。

另外呢，我们到中学进行个案诊疗的时候，家庭教育问题反而不突出了，不是家庭教育没起作用，而是现在你对家庭教育干预已经来不及了。中学的家长，如果我们想让他在家庭教育上做调整的话，比较困难，一个是很长时间了他已经习惯了，再一个就是他管不了孩子了。所以中学，我们就侧重考虑我们学校能做什么，能对学生起多大作用，学生本人能有多大的自我教育能力。中学的个案诊疗，家庭教育就已经相对次要了。

这是目前我想到的中学的个案诊疗和小学的个案诊疗的一些区别。知道了这个区别，我们在处理不同案例的时候，就会心里有个数，应当把哪儿作为重点。

小学生我们不强调必须有心理测验的材料。早期记忆、五项图、全家福、词语联想等，不是必须有的。中学一般都得有，那是标配，小学不是必须。小学一年级到四年级，你要是愿意做，也可以做，一般是画图，有参考价值，特别是有点儿心理问题的学生。有点画图的材料，会比较容易分析。小学五六年级可以做五项图，可以做全家福，甚至也可以做词语联想，因为他年级比较高了。不过早期记忆意义还不算太大，但若是心理问题，做一做也好，如果是多梦的孩子，问问他的梦也可以。

8. 个案诊疗对于教师的意义

家长也好，学生也好，他的行为可能不合你的要求，不让你满意，甚至觉得不可理喻。但是如果你以科学思维来思考，就会发现，他有一套自己的逻辑，他是符合这个逻辑的。

个案诊疗对教师的意义，通俗点说，即学习个案诊疗有什么好处。我想它的意义可以概括成两句话：一是可以提高教师的专业素质；二是可以提高教师的生活质量。

以我们的"学生问题课题组"为例，我们的个案诊疗培训有线上培训和线下培训。我先说线下培训，就是面对面的培训，这种培训又可以分成两类，一类是大面上的培训，一类是小班培训。大面的培训就是做报告，人数几百人甚至上千人，这主要是介绍一下什么是教育个案诊疗，它的基本做法，里面有哪些技术。这是一种普及性和介绍性的培训，它的作用就是让你知道有这么一回事，或许可以引起有些老师的兴趣，引起他们的注意。然后呢，就需要小班培训，那就是在大面培训的基础上，教师报名进行培训。一般这种培训内容就是讨论案例，不讲很多理论。你提出案例，大家讨论，然后写个研究报告。

这种小班培训完之后，老师们的收获是什么？据我多年的经验，有这么三个层次：

第一个层次，几乎所有的人（不敢保证每一个人）心态都有变化。什么意思呢？你会发现，参加过这样的培训之后，老师普遍的就脾气变好了，发火比原来少多了。注意，这不是他脾气变了，是他的认知变了。他原来为什么爱生气呢？因为他老觉得你学生应该如何，家长应该如何，你却不如何，所以就生气。经过这种培训，他有了科学思维了，他知道没有什么应该不应该。

科学思维的主要特点就是不讲应该，他研究你是什么，你到底怎么回事。家长也好，学生也好，他的行为可能不合你的要求，不让你满意，甚至你觉得不可理喻，但是如果你真有科学思维，就会发现他是符合其自身逻辑的。于是你就理解了：哦，他是这样的，他必须这样，我得按照他的情况，在他的基础上加以引导。所以就不爱生气了。这是普遍的收获，几乎是每个参加小班培训的老师都有的收获，少生好多无谓的气，提高了幸福感。

第二个层次就更好一点了，这些培训过的老师，对于轻度问题生，他可以自己处理了，甚至中度问题生，他也可以应付，周围的老师能感觉出他的本事比原来大了，水平提高了。

第三个层次是最好的。有些老师搞诊疗上瘾了，他觉得这事特别好，特有意思。然后他就上网讨论，或搞个沙龙，几个人凑一块，寻找案例，有空就讨论。这种老师，经过一年半载，有的是两年或三年，他就成了校园专家。这说的是他的实际水平，没人给他校园专家的封号，也不发证书，但他的实际水平达到了校园专家的水平。他能给周围老师做参谋，政教处主任解决不了的问题，他能出主意。他也可以给老师讲课了，给本校老师讲，或者给学区老师讲，都没问题。这种老师占多大比例呢，不好统计，但是根据经验和估算，大约不超过5%。人数不多，可是这些人非常重要，是关键的少数，他们将来就是个案诊疗方面的专家。我们现在说的个案诊疗主要指的是学生个案诊疗，还有家长个案诊疗，班级个案诊疗，教师个案诊疗。学会了其中一个，其他的就好学了。总的说来，参加过培训的老师们，应该说绝大多数是有收获的，尤其是小班培训的。

线上培训，总的说来，感觉没有线下培训效果好，因为面对面，有气氛，有气场，可以看到学员的表情神态，这种交流是线上培训达不到的。但是线上也能出现专家，有些老师经常线上跟我交流，时间一长，他们渐渐成了专家，非常有水平。

9. 研究问题生，要的是什么收获？

我们最大的收获，应该是自身的态度、理念、思维方式的进步，我们研究的根本任务就是超越自我。

我们研究问题生的收获是什么？我要提醒大家的是，您的收获不可以只是学了几招，学几招也是好事，但绝对是不够的。您的最大的收获应该是什么呢？应该是自身的态度、理念、思维方式的进步。不是简单的加法和减法。我这回学会了两招，是加法；我去掉了一些无用功，是减法。这是不够的，应该是您这个人整个地发生了变化。

有这么一个故事，某公司来了一个青年，刚工作一两年就提拔了。另一个老职工干了十几年，没提拔。老职工很不服气，就问经理："我有十几年的经验，他才有一两年的经验，为什么他被提拔了，我没被提拔呢？"经理非常直率地说："您并没有十几年的经验，您只有一两年的经验，只不过您后来又重复地使用了十多年而已。"这话很尖刻，但是细想起来，真是这样。当年我在一线教书，亲眼看到很多老师一直到退休，真的没有多大的进步，他一直是用原来的态度，原来的办法，不断重复自我。他也能得奖状，也能评优秀班主任，然后还美滋滋的。可是一直到退休，他的业务素质并没有什么提高，原地踏步。

这是一个非常重要的教训。我希望来到咱们研究组的老师，尤其是青年老师，不要这样。您每到学期总结的时候，可能重点都是写这学期我干了哪些事，有多大的成绩。这是可以理解的。但是我希望您私下写一个给自己看的总结。这个总结写什么呢？写我今年跟去年比有什么变化，我是不是比去年更聪明一点儿了，同样的事情我处理起来是不是跟去年有区别了，有没有进展。用心理学的术语来说就是，我是否在一定程度上超越了自我，我变了没有。有人说，重复自我有什么不好？我年年都评优呀！可是心理学告诉我们，重复自我的人都会焦虑。你不是在超越自我，你是在磨损自我，这种磨损特别伤人。心情不好，郁闷，烦躁，劳累。您的奖状越摞越高，您的幸福感却会逐年下降。您如果有这种现象，可千万注意。各位老师，你们到这个研究组来，根本的任务就是超越自我。

所以我就希望大家拿到一个案例，在我没分析之前，您先分析一下，拿出您的意见，拿出您的诊疗方案，然后呢，等我发言的时候，您再跟我说的对照一下。这对您训练思维可能好处较大。我更欢迎的是各位老师，你们在我说完意见之后，提出质疑和反对的意见。注意这个反对意见，你要有证据，你不是为反对而反对。任何意见总会有人反对的，关键不在于反对，而在于反对的理由。比如说我提出一个治疗方案，你不赞成，然后你说出理由，言之有理，那我就得接受，言之无理呢，我可以参考。这样的话，我们就成了真正的研究组，而不是变成一个讲坛。咱们这个研究组有变成讲坛的危险，就是我在这儿讲，大家在那儿听。这样也有收获，收获就不大了。我希望大家真的进入主动研究的状态，而不是被动听讲的状态。

10. 教育没有"速效育人丸"

教育不是浪漫的事，当然也不能说没有浪漫的成分，但基本上是现实主义的，只有脚踏实地，才能有所收获。

湖南电视台有一档节目叫"变形计"，这个节目我没有看过，但是我看到一些材料，有一些感想。教育没有"速效育人丸"这个东西，就像速效救心丸似的，没有这个东西。问题生教育更是如此。一个孩子换一个环境，换个情境，他就立竿见影地变成另一个人，这种事我不能说绝对没有，但不是教育的普遍规律，有也是很个别的，情况特殊。教育不是变形，教育不能速效，教育也不能保证毕其功于一役，一下子就变成好孩子了，不敢保证，因为影响教育的因素太多。"变形计"这个节目，根据材料情况来看，这实际上就是一种作秀，一种商业行为，不是教育行为。我们当老师的，这种节目也可以看一看，但是仅供参考，千万别当真。

20世纪80年代有一个曾经轰动一时的电影叫《少年犯》。导演是个名演员，但不太懂教育。他出于一片好心，真的用少年犯演少年犯，从少年管教所里选了一些演员演这个故事。这些孩子演得挺好，很动人，弄得很多人哗啦哗啦掉眼泪。然后这些少年犯就被减刑释放了。后来的事实是，这些演少年犯的演员，不少又被抓回了监狱。我不否认导演的好心，但是他确实不懂教育是怎么回事，教育不是轰动一时的事情。

有人可能要问，为什么孩子就不能立刻变好呢？这原因挺简单的，你要转变一个人，尤其他已经进入青春期了，你就得转变他的三观：人生观、世界观、价值观。你得转变他的思维方式，还得转变他多年形成的坏习惯。所有这些事情都不是一蹴而就的，非常艰难，反反复复，要费很大的力气。你拍一部电影，让他们出个风头，就以为他们变了，这不是蒙人吗？有些老师就真信这个了。导演是演艺圈的，他追求的是吸引眼球，是收视率，咱们是教育者。在教育方面，他是外行，我们是内行，内行不能跟着外行跑。真实的教育，不是吸引眼球的，它是默默地、静悄悄地、不慌不忙地反复努力的，有的工作是很细碎的，而且要反复进行科学研究，像医生治病一样。

所以我们教育者跟演艺圈里的人，跟文学家，如果真谈教育的时候，说不到一块去。我曾有这样的经验，有一个导演找到我，他要拍一个有关教育的电视剧，然后让我和中央戏剧学院的几位师生一块儿聊这个剧。我们话不投机，他们设计一个情节，如何如何，我说，不对，事实不是这样，你做不到这样。很扫他们的兴。在一个小小电视剧里写一个人的转变，其实是不太可能的，他们要写，就得制造一些偶然事件，让孩子一下子感动至极，就变过来了。这种事情我不敢保证绝对没有，然而是非常少见的。

我们在进行教育的时候，尤其在进行问题生教育的时候，千万不要搞文学式的浪漫主义。教育不是浪漫的事，当然也不能说没有浪漫的成分，但是基本上应该是现实主义的。

11. 教育，有一个为谁服务的问题

因材施教的前提是公平公正。问题生既不是猪，也不是天鹅，他们都是一些孩子，人格平等的孩子。尊重每一个孩子，是教育的起点。

曾有位幼儿园园长声称，她学的是培养天鹅的本事，不是养猪的。她拒收本村子女，实际上把这些孩子都看成了猪仔，把家长都看成了猪爸猪妈，而这个村被看成了"猪圈"。这下惹了众怒，引来网上一片讨伐之声。

其实，这位女士说的是心里话。她说，为什么要上五大名校？因为那里人群不一样，没有卖菜卖鱼的。她不想掉价，不想拉低整个幼儿园的素养。她说她提供的就是高端教育服务。她讲的是没人敢说的实话。她的意思很明显，她心目中真正的教育是只为少数精英服务的，平头百姓一边去。她还说她的老师是"幼教界的龙头"。这就让人不得不怀疑，我们教育界的许多所谓领头人，他们心里想的究竟是多数百姓，还是极少数人。我观察到，我国基础教育界的某些"名牌校长""名牌教师""名牌专家"们，他们所谓的最新教育理念和方法，主要还是对尖子生（天鹅）有利，而这些人的家长，绝大多数至少是白领。这些人与我们这位幼儿园园长的区别是，他们比这位园长更善于将自己的真实想法隐藏起来，更善于把极少数人的利益诉求包装成普世价值、人类本性什么的。

比如素质教育，我向来是素质教育的坚定拥护者，可是若干年后，我渐渐感到，各方说的素质教育并不是一回事。在有些教育专家和名牌教师心目中，素质教育其实就是贵族教育、尖子教育、天鹅教育，并不是提高全民族素质的大众教育。这种贵族教育的主要特点就是：其负担一般百姓承受不起。旧中国是穷人的孩子上不起学，如果新中国是穷人的孩子享受不到素质教育，那你这教育不还是在制造贫富差距、埋下社会矛盾吗？西方的教育就是如此，我们不能走这条路。

我发现有些应试教育的拥护者反倒更有良心，懂得维护普通百姓仅剩的一条提升通道。我虽然完全不赞成应试教育（为了考试而学习），却理解这种人的"百姓心"。过去所担忧的教育为少数精英垄断这件事，并不是空穴来风，现在名牌大学中寒门子弟比例正迅速减少。

那位幼儿园园长对普通群众满脸的鄙夷之色，其实是很有代表性的，只不过她表达得比较露骨和粗俗而已。我们有些人不一样在嘲笑普通人，嘲笑穷人吗？百姓愚昧，百姓残暴，百姓民粹，百姓都是"义和团"，只有他们最文明。他们自命天鹅，灵魂深处是把普通人都看成猪。他们热衷于给"天鹅"们（例如民国精英、乡村士绅）大唱赞歌，争先恐后地傍大款。这个社会，喜欢锦上添花的人太多了，真心雪中送炭的人比较少。教师若也犯此种毛病，则对中华民族的复兴极为不利。

有人也许要问，不是说要因材施教吗？给天鹅以天鹅的教育，给猪以猪的教育，不正好是因材施教吗？请注意，因材施教是教育领域的概念，公平公正是社会概念。对于整个社会来说，公平公正是战略性的，因材施教只是战术性的，大道理管着小道理，战术是归战略管的，任何战术，都不可以违背战略要求。所以因材施教的前提是公平公正。你把某些孩子看成天鹅，把更多的孩子看成猪，已经违背了社会人际关系的基本原则，对普通百姓的子女是歧视，是污蔑，你做教育者已经不够资格了，还谈什么因材施教不因材施教？这位园长受到了应有的处罚，符合民意。不过只是这位园长暴露了，还有更多隐蔽的"养天鹅专业户"需要教育。

穷人家的孩子，本来一出生就处于不利地位：家长文化低，教育投入没钱，又没有人脉。一个健全的社会应该尽量照顾他们，给他们一些帮助，使他们能够在尽量公平一点的起点上与精英子女竞争。即使这样，他们在竞争中整体上还是处于劣势，但只要有扶持，他们中有些人就会成材。这对于社会很重要，有利于社会的稳定，有利于社会保持活力。历史告诉我们，没有底层涌上来的新生力量，社会上层不久就会"八旗子弟"化，因为他们条件太好了，无须多么努力，也能活得很滋润。

于是说到了问题生。问题生究竟是普通百姓的子女多还是精英的子女多？这个我没有统计过，还真不敢说。不过我可以肯定地告诉大家，在我心目中，问题生既不是猪，也不是天鹅，他们都是一些孩子，人格平等的孩子。我们尊重每一个问题生，帮他们解决问题，争取其德智体各方面有所进步。对于他们的家长，无论什么身份，我们都既不嫌弃，也不谄媚。我们绝不做势利眼的教育者，绝不只为极少数人服务。

12. 乖乖女难以教育问题生

中小学老师，绝大部分是女老师，而且多是当年表现比较好的学生，老师印象中的好学生，就是所谓"乖乖女"，可是这种老师特别不善于做问题生的工作。为什么呢？因为你没当过问题生，你不理解问题生，你不知道他怎么想的，因此会出现一大堆问题。最突出的问题是，你容易愤怒。

好学生看问题生会觉得，你怎么能这样呢！简直不可思议！简直匪夷所思！然而只要你一愤怒，就可能会连续犯错误，把事情越办越砸。而在问题生的心目中，这老师也是有毛病，事儿妈。你怎么这么多事儿啊！本来不是个事，你怎么当个事儿啊！双方距离越来越远，互不理解，甚至对立起来。曾听过一个专家报告或者优秀教师报告，说要把特别的爱给特别的学生，于是强压心中的反感，勉为其难地去爱问题生。勉强的爱难免不自然，爱不到点子上，问题生多半不领情，就更增加了教师的愤怒。忍无可忍的时候，爆发起来更厉害，于是局面就不可收拾了。很多老师遇到问题生出状况，就批评啊，就讲道理呀，动之以情，晓之以理呀，其实有些事儿根本不是多大事儿，你甭管他就行了。老师说，不行，那哪儿成啊！千里之堤，溃于蚁穴！事实上没有那么严重，绝大部分小错，将来不会变成大错的。

我自己有个经验，跟大家说一下。当年我接一个高中班，有老师就跟我介绍某某学生怎么怎么不好，爱捣乱。结果他到我这儿以后，我没发现多大的问题。这个学生后来在我们班表现非常好，而且长大以后发展也非常好。有一次特意请我吃饭，问我一个问题："王老师，我以前的老师都说我不好，怎么您就没说呢？"我告诉他一句话，我把这句话也送给大家，我跟他说："我和他们长着不一样的眼睛。"我们看到的是不同的东西。你还是你，但我看你跟他们看你不一样。所以我敬告各位乖乖女老师，如果您上学时是好学生，您教育问题生可能会很困难，我很理解。您不知道问题生怎么回事儿。那怎么办呢？您也不能重新回去当一遍问题生啊。那我就劝您，第一，您宽容一点儿，别急赤白脸的。比如学生打架了，先不要论是非，问问为什么打，怎么回事儿，问清楚了，您再分是非。是非是可以分的，应该分的，但是不要上来就批评。另外一个，我劝您，多听听男老师的意见，男老师和女老师思维方式是不一样的，问题生多是男生，男老师比较容易了解他们的心思。

各位女老师，尤其曾经是好学生的女老师，您注意，您要了解问题生，比较困难。不注意这一点，您会碰很多钉子，甚至会出状况。有些问题生，尤其中学的问题生，您完全不理解他，会专拣他最反感的话来说，他就会对您产生仇恨，那是很危险的。等于双方生活在不同的世界，一定要谨慎一点。

13. 不要乱贴"多动症"的标签

　　有不少中小学老师都知道多动症这么一个词，就瞎扣帽子，贴标签儿。

　　孩子上课抓耳挠腮，坐不稳，就说："你是不是有多动症啊？上医院看看吧。"其实，什么是多动症，国外和国内现在都没有统一的、明确的、清晰的界定，这事说不清楚。你到医院检查，医生多半会说："有点问题，吃点药吧。"（起镇定作用的药）多动症不像有些病那么好判断，因为它有心理色彩，而心理疾病是很难说清楚的。所以我劝各位中小学老师，不要轻易给孩子贴多动症的标签，那么贴的话，多数男孩子都是多动症了，因为生来就比女孩好动，老天爷就这么安排的。你最好宽容一点，忍一忍。当然啦，他在下面乱动，教师心里烦，闹心，这我非常理解，但你不要轻易给孩子贴标签，尤其不可以当着孩子面说："你有多动症。"这话绝对不可以说。作为教育者，这话是违规的。

　　如果孩子严重多动，可以背后对家长说："您看是不是带孩子去医院，看看他是不是有多动的倾向。"但别对孩子说，你跟孩子这么说有很大的麻烦。以后同学们就可能嘲笑他，这会造成很大的伤害。

　　还有一个更大的麻烦，就是那孩子如果认定自个儿有多动症，他还就不改了。你再批评他，他会说："我有多动症呀!"一句话就把你给堵回去了，他还有理了! 多动症成了他的挡箭牌，成了他违纪的资本，这你就更没办法了。所以多动症这个词，老师是不可以轻易出口的。其实你也未必清楚什么是多动症，我告诉大家，我也不清楚。我看了好多资料，最后的结论是不知道。所以我们就不要人云亦云地跟着瞎说了。他上课乱动，你就跟他说，我给你录个像，你自己看你哪些动作可以减少，能减少就减少一点儿。特别严重的，稍微隔离一下或者给点惩罚。总之不可以张嘴就说什么多动症。

14. 师傅领进门，修行在个人

　　一个教育者的主要工作应该是启发、指导、提醒、激励，这是教育的真正本质。

　　如果观察周围，我们会发现，真正爱学习的人，特别不愿意逼别人学习，真正爱思考的人，特别不爱批评别人不动脑筋。逼别人学习的人，多半是自己不爱学习的，爱说别人不动脑筋的，自己往往是不爱动脑筋的。这就涉及教育的本质了，教育的真正目的，除了做人之外，就是培养人分析问题和解决问题的能力，而这个能力是没法教的，能力都不是教的，都是学来的。教育者所能做的工作，就是启发人。当然，教育者有的时候在有些方面也需要搞些强制，甚至逼迫，这是没办法的事，但是这无论如何不应该是您的主要工作。一个教育者的主要工作应该是启发、指导、提醒、激励，这是教育的真正本质。否则的话，你就会变成一个工头，拿鞭子抽着学生学习，觉得自己怪不错似的。这种老师，即使他退休了，他实际上也并没明白什么是教育。

　　中国有句老话叫"师傅领进门，修行在个人"。大家千万别小瞧这句话，非常深刻，几乎把教育的本质都说清楚了，把师生双方都说明白了。你老师是干什么呢？你的任务充其量就是领进门，你不要奢望太多。有的老师，我看他们写文章，要塑造学生未来呀，要决定孩子命运呀。你过分了，你没那么棒，你的任务就是把他领进门，让他知道朝哪个方向走，告诉他点方法，等等。然后他就自个儿去修行了，这就行了。学生呢，你要注意修行在个人，那是你的事，不是给老师学。另外呢，你也不要等着老师给你这个，给你那个。当老师的你不要老瞎灌，当学生的你不要等着别人灌，双方是一种合作的关系。这就全清楚了。所谓学生的主体性，教师的主导性，不就是这意思吗？学生自主性不就是修行在个人吗？教师的主导作用不就是领进门吗？

现在的教育，老师不太清楚自己该干什么，他干了好多过分干预的事情，觉得自个儿特积极、特认真、特负责，其实好多不是他的事，而引导作用是最主要的，他却不擅长。很多老师不会引导，就会指挥、监督、检查。那不是他的主要工作。

顺便说一下中国智慧。中国人跟西方人思维方式不一样，各有优缺点。西方人喜欢严密的逻辑论证和严格的概念界定，都像教科书一样。中国人不是这样。你看春秋战国时的诸子百家，他们说话差不多都是散文式、杂文随笔式、语录式的。尤其是老子，简单的几句话，非常非常深刻。不是靠论证，他靠感悟。再如鲁迅，他的小短文，有时候就几句话，很像春秋战国时候的诸子，它是经过反复的思考和感悟，凝结成了短语，是真正的精华。

所以中国古书有很多老话，大家千万别小看。当然不见得老话就全对，你也要分析着看。我记得最清楚的是有一本书叫《增广贤文》，都是古人的人生感悟，我看过好多遍，简直是太高明了。虽然有的话我也不同意，但是它总结得非常非常深刻。像"师傅领进门，修行在个人"这种话，大家有空就琢磨琢磨，慢慢就明白教育是怎么回事了，其实咱们老祖宗把教育的好多事情，已经说清楚了。

二、学生问题诊疗的思路

1. 学生个案诊疗的流程

我们的重点并不是解决几个问题，而是以这些案例为抓手，来提高我们各自的分析能力和思维能力，这才是关键。

这是我们学生问题个案诊疗的流程，是诊疗学生的起点。

首先要提出案例。你得拿出一个学生来，你认为是问题生，或者你拿不准他是不是问题生，反正觉得他有问题。你要介绍一下情况，所谓情况，主要指三方面：一个是他本人，一个是家庭，一个是学校。本人情况包括：是男生还是女生，现在几年级。家庭情况包括：这是一个什么类型的家庭，完整不完整；父亲母亲各是什么职业，职业很重要；家长什么文化水平，文化水平也很重要；家长跟孩子关系大致如何？有的时候还需要介绍家长的教育理念，家长们理念是否一致。学校情况包括：这个学生在学校各科的成绩大概如何，各位老师对他的评价和印象大致如何？他在班里的基本表现，人际关系如何？

这些资料不需要做得特别细致，除非你觉得某处特别重要，但是你要全面了解，你连孩子几年级都不考虑，分析起来就很困难。

要不要提供孩子的早期记忆和词语联想呢？这个不一定。一般说来，小学五年级以下的孩子不需要提供早期记忆和词语联想，因为参考价值较小。五年级以上，有些行为习惯型的问题生，其表现特别明显的，也不见得非得去看他的早期记忆。当然有这个东西会更好一些，更科学，更严谨。心理问题生绝对需要进行心理测验，否则搞不清他怎么回事。情况介绍完了之后，你要说说这个孩子的问题症状，好像到医院看病，你得说我是头疼还是肚子疼，然后你想解决哪个问题。这就是一个比较完整的案例，然后我们就可以来讨论了。

讨论问题生，看完材料就做结论，这种情况比较少，你要询问一下，就像医生询问病人。这个提问，实际上隐含着假设。比如说我一开口就问这学生胖还是瘦，那我一定是猜测他的身材影响了他的行为和心理。我一开口就问他与家长之间关系如何，那实际上等于我假定他与家长的关系可能影响了他的成长。这时的提问，表面上是碎片化的，但问着问着心里就有谱了。然后我就可以做一个比较完整的分析和诊断，这就是诊疗报告。

在形成诊疗报告之前，我们希望还有一个环节，就是大家讨论：一边问，一边做些结论，一边讨论。讨论实际上就是互相挑毛病。这个环节我觉得往往做得很不够，容易各说各话，缺乏交锋。讨论时，我们要努力发现其他结论的逻辑漏洞：你不合逻辑，你不合情理，你这个结论没有事实做依据，或依据不足等等。有经验的老师，水平高一点儿的老师，他说话为什么比较严密？他实际上是在别人挑他毛病之前，自个儿先把毛病挑了个遍，我就是这个习惯。我拿出结论的时候，一边思考一边假设有很多人向我发动攻击，你这不对，那不对。我在心中已经自己把自己攻击了一遍，我觉着漏洞不多了，我才拿出来。这样，你的发言可能就会比别人的分量稍微重一点，因为你推敲过。现在网上的发言，一般都是率性而为，拿起来就说，我痛快就行——那是喷子。咱们这是搞研究，虽然不见得每句话都经过深思熟虑，起码我都认真想过。这才是研究型的教师。

有结论之后，可以有这么一个步骤，把这东西给家长看看，如果是高年级的孩子，可以给他本人看看。跟他说，我们认为你可能是这个问题，是这个原因，你认可不认可？如果家长和本人认可，那一般说来，诊疗可能就是对的。你下一步再出招，给他开药方，效果就会好得多。

再下一步，就是实施。比如这孩子，你这么办，你这毛病就克服了。跟家长说，您这么办，这么办，您这孩子可能就会好转。过一段时间，一般不少于一个月，反馈一下有没有效果。若没有效果，有两种可能，一种可能是还不到时候，还得加大力度，还有一种可能就是误诊了，你诊断得不对，不是这个病，你吃药，当然不管事，那就可以复诊。当然还有一种情况，就是某些重度问题生，他病情特别重，你治不了。这应该转院，您干脆上三甲医院。这种情况也是有的，有些问题是学校解决不了的，专家也解决不了，需要他走上社会以后才能解决。这叫治疗与效果反馈。

最后一个环节，就是反思。这个案例处理完了，我的思维模式、理念发生了什么样的变化？这个特别重要。我们的研究，其实重点并不是解决几个问题，而是以这些案例为抓手，来提高我们各自的分析能力和思维能力，这才是关键。

有的老师对我说，这多麻烦，一个学期能做几个？不要多，你要知道，你认真地做一个，等到下学期周围老师就会看到你的变化。你整个儿的心态，你的思维能力、思维方式都会有变化。当然做多了会更好，你要这么认真地做100个案例，你就会成为很厉害的教师。

2. 学生个案诊疗的核心：这是个什么样的孩子？

没有一种方法是适用于一切孩子的，千万不要教条地把某种方法、某种治疗手段确定为正确的，然后就去做，那是不行的。教育问题学生的关键，是搞清这是个什么样的孩子。

学生个案诊疗的核心和关键，是搞清楚这是一个什么样的孩子，他的个性特点，他的人格特点，他的智力特点。把这个搞清楚了，才有可能对问题生进行有效的教育。

我们一般这样考虑问题生教育：他有什么问题？这问题造成的原因是什么？怎么解决？先发现问题，然后归因，然后开药方，一般是这样的思路。这思路是对的，但是有个问题，我观察过很多老师对问题生的分析，他们的归因一般有这样的特点：归于外因，而且多归因于家庭，不大反思自己学校教育的失误，还喜欢归因于人际关系。可是，无论什么样的教育方法，对于不同的孩子，结果是不一样的。你只有搞清这是一个什么样的孩子，才能反过来看出这个教育方法对还是不对。若一般性地先看教育方法对不对，这个可能是弄反了。

眼前就有个例子。某天早晨我在手机上看到一个案例，童话大王郑渊洁，他有两个孩子，一个男孩，一女孩。男孩上学不耐烦，不愿意去，郑先生说，算了，回家来，我教你。他自己编教材教孩子，效果不错。女孩呢，喜欢学校，爱上学。郑先生说，那你就上学，这孩子就按部就班地在学校跟着走，效果也不错，据说还成了学霸。你怎么判断郑渊洁的教育方法对还是不对呢？如果你要离开这两个孩子的特点，没法判断。

有些虎爸虎妈，把孩子教育得不错，有的家长就说，那怎么成啊，你这样指挥孩子，你控制孩子，你犯了教育之大忌！可是人家成功了，而且人家成功不是假的。所以关键不是看他采取了什么教育方法，他的方法对不对，而是看这是一个什么样的孩子。只能根据孩子的情况来判断是对还是错，没有绝对的对错。比如有的老师就拼命地说，你只有预习好了，学习成绩才能好。不对。有的孩子是不能预习的，预习对他有害处，他提前看完了一遍，再听课就烦了，这是一种特别好新奇的孩子，不适合预习。老师们都主张作业写完了要检查，其实这只对有的孩子合适，对有的孩子就不合适，后者最好不要检查，争取一次做对，当然考试的时候要检查一下。总之，没有一种方法是适用于一切孩子的，你千万不要教条地把某种方法、某种治疗手段，确定为正确的，然后就去做，那是不行的。因此，教育问题生的关键，是搞清这是个什么样的孩子。

那么有的老师就会问：怎么搞清楚这是一个什么样的孩子呢？

一要看他各方面的表现，横向地看各个方面。不能光看一科的表现，要看各科的表现；不能光看他在学校的表现，还要看他在家里的表现；不能光看他在老师面前的表现，尤其是班主任面前的表现，还要看老师不在的时候他的表现。这样才能看清他是个什么样的人。

二要看他的一贯表现，就是说必须纵向看他的过去。他现在的表现跟小学时有什么区别？他现在五年级，跟他四年级、三年级、二年级、幼儿园有什么区别？一样不一样？如果是一直这样，那可能他就是这么一个人。我发现很多老师在了解孩子的时候非常片面。他那个空间特别窄，时间特别短，他了解的是孩子现在的、一时的、局部的表现。至于孩子的本色是什么，他并没搞清楚。

第三，可以搞点儿心理测验。低幼的孩子，可以画图，五年级以上的孩子，可以做早期记忆、词语联想。为什么强调早期记忆呢？因为它是人格的密码。一般说来，早期记忆里呈现的人格特点，一生是不变的，它比较准。早期把那些没用的东西都删掉了，剩余的是精华部分，对于了解一个人的本性，效果比较好。

我们把这个学生了解得比较清楚了，知道他是怎么样的一个人以后，才能判断他的家庭教育哪点是对的，哪点是不对的。例如郑渊洁，让儿子回家不上学，可能是对的，他女儿继续上学，可能也是对的。郑先生不是教条主义者，适合的就是对的，适合的就是好的。可是你要知道适合不适合，你得先知道这是一个什么样的孩子。你得先知道一个人高矮胖瘦，才知道哪件衣裳适合他。现在社会上流行一些说法，什么陪伴啊，什么沟通啊，什么交流啊。某些人一看见家长跟孩子沟通不多，就说，这问题就在这儿。这可不一定了。很多孩子家长很少与孩子沟通，很少和他们交流，孩子很好呀，家长也不错。那种孩子，不见得需要你很多陪伴和沟通。有的孩子家长老陪伴他，会很不高兴的。我就是这么一个人，我不需要别人老陪伴我，你陪伴反而干扰了我。这种孩子你拼命要陪伴他，你不是捣乱吗？所以，搞清这是一个什么样的孩子，才能确定教育他的方法对还是不对。

因此我们遇到问题生，要全力以赴弄清这是一个什么样的孩子。

就好像班级诊疗的时候（我们前一阵子搞班级诊疗），全力以赴搞清这是个什么班，什么样的班才会有什么样的方法。

3. 怎样启动思考?

对于问题学生的一些行为习惯, 我们要善于发现矛盾, 发现问题, 发现不合逻辑的地方, 这是思考的起点, 是抓手。

我们搞学生问题诊疗, 会发现有很多中小学老师是不怎么思考的, 他脑子不转, 虽然号称脑力劳动者。他也不是不用脑, 但是他那个大脑活动, 思考的成分不多。

此话怎讲? 他是这么一种用法: 比如说我问你, "床前明月光", 这句诗是哪个作者写的? 他就想出是李白。我再问你, 爱因斯坦是哪国人? 他想想, 德国人。2+3 等于几? 想想, 等于 5。这算不算思考呢? 不算。但是这也可以说他想了。于是我们就得考虑一下, "思"跟"想"这两个字有何区别。我们的古人非常智慧。那个"想"字, 上边是个"相", "思"字上面是个"田", 虽然这两字底下都有"心", 都涉及心理。"想"字上面右侧是个眼睛, "思"上面那个"田"是个脑袋, 大脑。所以呢, 这个"思"比"想"要更深一些。我们说"想象", 说"联想", 一般都是有视觉效果的东西。我们说"思维""思路"，你不能说"想维""想路"。"联想"也不能说"联思"，"想象"也不说"思象"。刚才我们说的那些都属于想的水平，你只是从仓库里提取了一个答案，中间没有什么思考。过去电视台有好多智力测验就是这种东西，其实根本就不是智力问题，那就是记忆力的问题。这个很有误导性，有很多人觉得我记的东西多，我就有学问，实际上你只会储存，你就是个书橱，存东西而已。

什么是真正的思考呢？真正的思考是要发现问题，发现问题就是发现矛盾。从哲学角度来说，思考就是脑子里一些概念的矛盾运动。下面举几个例子。

比如说我发现一个学生打人，我就想，这个孩子有暴力行为。这算不算思考？不算。有老师把学生的一些表现记录下来，写出来，他以为这就是思考了。不是，你什么也没思考，你只是记录一些现象，顶多算是想的初级阶段。然后我就调查。我发现他打人是因为觉得别人要打他或者欺负他，于是我就琢磨这孩子的暴力倾向可能来源于过度自卫心态，缺乏安全感。这就属于思考了。因为你已经用自己的头脑做了一个分析和判断。但这个思考你不能停止。几天以后，突然有学生向你报告说，这孩子又打人了。你把这事调查清楚以后，吃惊地发现，这次没人侵犯他，也没人威胁到他，是他主动向别人进攻的。这就不对了，这就矛盾了。就是说，这孩子的暴力，可能根本不是自卫，或者自卫只是他的心态的一部分，或者这次施暴是特殊情况，它的基本心态还是自卫。然后你就继续调查和分析。这才是真正的思考。

比如说有个中学生，他的早期记忆里都是他跟小朋友玩，跟爸妈一块玩，可是你发现他的日常行为非常孤僻，跟谁都不联系，很自闭。这就不对了，矛盾了。这是怎么回事呢？一般说来，早期记录跟他现实行为发生矛盾的话，我宁可多相信早期记忆，因为它更本质。那么，他现在跟同学联系不密切，比较孤僻，可能是一时的。那我就研究一下，他为什么出现这种现象。当然也有可能是早期记忆失实，采集早期记忆时老师做了不恰当的引导，让他想起好多跟人的关系，这也是可能的。

最近我们讨论了一个案例。有个叫小七的女孩，八年级，人家说她长得丑，她就回家不念书了，换一个学校，觉得自己成绩不好，又辍学回家了，在家待半年。研究案例时，我就一直没想明白怎么回事。我把有关的材料看了一遍又一遍，最后我的结论是：这孩子，她是跟她弟弟争宠。她弟弟出生以后非常优秀，长得也漂亮，她很生气，就往家里退。另外呢，抗挫折能力差。我这个结论得出来以后，忽然有老师给我提供一个新的情况，把我原来的结论差不多都推翻了。为什么呢？就是她又换了个学校上学，不知犯下什么错，按他们班的规定，放学以后要留下来做一下反思。小七拒绝："我要回家，我要回家喂我的猫。"谁说都不听。数学老师就过来说："你呀，你给我一个面子，今天你先留下。好不好？"不行，她扬长而去。这种表现要说是抗挫折能力差，就不通了，要说她是跟她弟弟争宠，也不通。说不过去呀，解释不了。所以我原来的结论就动摇了，我估计得推翻。现在这个孩子，我们有了新的看法，正在继续调查和研究。

大家发现没有，如果你能发现很多不合逻辑，解释不通的事情，你会很快地进步。发现矛盾，发现问题，发现不合逻辑的地方，这是思考的一个起点，是抓手。

启动思考，有一个很重要的方法就是追问。如果你不追问，往往贴一个标签，就自以为我懂了，实际上就把自己给骗了，这种情况现在相当多。追问，本质上就是发现矛盾。比如说刚才咱们说的那孩子，他缺乏安全感，所以就打人。然后我就追问，我们班有好几个孩子都明显缺乏安全感，为什么别人不打人？矛盾了。于是你就不得不思考了。比如说学生有这样那样的缺点，然后老师就给贴个标签说，这个孩子缺乏家长陪伴，现在很流行这种说法。然后我立刻就发现矛盾了。有一个孩子，他妈妈是全职妈妈，一直陪伴孩子，结果孩子糟透了。我们班还有一个孩子，从小他就离开爸爸妈妈，简直就是独立长大的，他怎么也挺好啊？这都是矛盾。这些矛盾就能够引起思考。

有很多问题，当你追问的时候，你就会发现，不同的人是不一样的。同样缺乏安全感，有的人攻击别人，有的人反过来攻击自己，也有的人，谁也不攻击。一个人，他是立体的，有很多原因在支配他的行动，究竟哪个是主要控制他的行动的因素，你不仔细研究这一个学生的特点，只做一般性结论，包括心理学的、流行的说法，都是不行的。我们在研究问题生教育的时候一定要注意，要一个一个地研究他为什么这样。

各位老师，你们要想学问题生诊疗，就要学会动脑筋，一定要学会发现矛盾，发现自己的矛盾，发现学生的矛盾，发现别人的矛盾。有矛盾才有思考。

4. 思维方式修炼

在诊疗学生问题的时候，我们往往会面对混乱的局面，面对混乱的观点，我们必须学会如何处理，其实这时才是提出创见的好机会。

思维方式修炼是我们研究学生问题的重中之重。所谓教育研究，其实就是调查和思考。思考要形成逻辑链和逻辑网。当我们分析一个问题生或者非问题生的问题时，你可能会做一些假设，可能会得出一些结论，一定要注意，你的假设和你的结论，应该形成一个逻辑链，一环扣一环都合逻辑。应该形成一个逻辑网，你的结论，应该能够符合这个孩子的具体表现和你心理测验得到的材料，至少不能发生矛盾。也就是说，你的结论应该能解释眼前的各种现象，都能说得通，都能言之成理，都合乎情理，否则你就没有形成逻辑链、逻辑网。如果这样你就必须回头考察一下，你这结论是否正确，是否全面。

比如说，早期记忆里反映一个孩子很没安全感，记忆里都是一些事故，可是他的词语联想里面，那些词语相当乐观，一点儿都没有缺乏安全感的意味，那就不对了，你就得琢磨一下到底哪儿出问题了。

有可能是你搜集的材料有问题，也有可能你的结论有问题。再比如说你认为一个孩子有自闭倾向，没有什么朋友，可是忽然有一天你从某个渠道了解到，他在另外一个环境中有说有笑，相当开朗，这又不对了，逻辑上你就出问题了。他到底是什么样的人？你就得打个问号。我们一定要使我们对学生的分析，在逻辑上，尽量做到无懈可击，什么我都能解释得通，这个结论，才可能是正确的。

当然你全解释通了，也不能绝对保证正确。为什么？因为你实践了发现走不通，或者是突然出来一个事实，一个材料，把你原来的结论推翻了，那你就得重新考虑。但是无论如何，你必须先有一个较为圆满的、说得过去的解释。我发现有很多老师做不到这一点，网上的发言，不管是咱们研究组里的发言，还是其他地方关于学生教育的讨论发言，基本上都是碎片。不管逻辑不逻辑，反正我就这么看，我就这么认为，我就抓住一点，不及其余。这样想事情，就谈不上有什么科学性了，这只是你的一种感觉，凭感觉工作碰钉子的概率就很大了。

为什么很多老师做不到发言有逻辑链和逻辑网呢？这往往和发言短有关系，有的就一两句，你两句话能成什么逻辑网啊。所以我们应该想办法把发言弄长一点，不算长篇发言吧，起码也成一个段落，成一篇完整的短文，这样才能看出你的思维逻辑。当然不是每次发言都必须这样，当你对一个学生做全面诊断的时候，你的发言起码应该成一个逻辑体系，否则你很难说清楚。

还有一个原因，我们有些老师缺乏全面评价一个人的习惯和能力。他抓住一点，就记住了。这只是一角，不全；只是一时，也不全。一定要学会更全面地观察问题。

再就是有很多老师跳不出自我中心。他没有能力换个角度来看一件事，尤其没有能力站在学生的角度看问题。我研究一个问题生，我能不能站在他的角度看看这个世界？有的教师完全没这个能力，他就没法跟学生共鸣。你站在他的角度，并不等于赞成他的意见，你得学会从他的角度想事，然后你才能改变他。

我发现有很多老师害怕不同意见。就跟上课似的，怕学生把他问倒，他只希望别人赞成他。这不是科学态度。科学研究必须面对不同意见，我在建立这个研究组的第一次发言时，我就说欢迎不同的意见，特别欢迎。当然，你的不同意见，不是表态说：王老师，我就不赞成你。这不成，你要说出理由，赞成不赞成是次要的，理由是主要的。如果你那理由我确实驳不倒，那没办法，我只能听你的，或者尊重你的意见。如果我也说出理由了，那咱就可以讨论了。

也有很多老师怕众说纷纭，他总想直接见到标准答案。这种老师，一发现有这么说的，有那么说的，他头就大了，就希望有一个最简单的答案，然后他记住就成了。这不是研究的姿态。一个研究者必须得学会面对混乱的局面，面对混乱的观点，其实这时才是提出创见的好机会。不要怕众说纷纭，众说纷纭才是思考的好时机。你看春秋战国，百家争鸣，多么辉煌，后来独尊儒术，就阻碍了发展。我希望各位老师，开始的时候，你的发言可能是碎片式的，但是你要注意别人的意见，逐渐学会做一个稍微完整一点的发言，超越碎片式的发言，否则要成为一个研究型教师，那是不太可能的。

所谓思维，它的本质就是概念的矛盾运动。思维其实就是找矛盾，然后争取最大限度地把这个矛盾加以解决，解决以后又会出现新的矛盾，这就叫思维。我发现有不少人根本就不想找矛盾，他希望这世界压根没有矛盾才好。这是第一个层次。这种老师还没入门，他的思维是线性的，单向的，简单点儿说就是基本上不思考。有些人不是这样，他知道要有一个逻辑，这是第二个层次。他的问题是找不出矛盾，其实明眼人一眼就看出了你这里头的矛盾。这个是水平问题。他那个层次和他那水平，看不出来。这怎么办呢？遇到这种情况你就多看看别人。尤其是当我感觉没有矛盾的时候，人家一眼就发现有矛盾，这对我是一种警醒。你多跟高人讨论，逐渐就提高了。

5. 严密监控自身思维

　　一个问题生案例，开始我怎么想的，后来我怎么想的，再后来我怎么想的，目前我怎么想的，要全盘掌握，这样才能训练出严密的思维。

　　当我们在进行专业讨论的时候，在这种语境里，在这种情境中，参与者必须严密监控自身的思维，就好像你分出一个人在回看自己怎么想事情。

　　这里至少包括这么几个含义。首先，你得知道你为什么发言。难道这还不清楚吗？可不是那么回事。大家都聊过天，如果你们仔细研究一下聊天的话，你会发现，聊天的时候有很多人只是抓了一个话茬来说自己想说的话，并不注意听别人说什么。这种情形在聊天中没有问题，在进行专业讨论的时候就不行了。比如说我们在讨论一个案例，有老师就过来发言道："哎呀，家校合作太重要了，家长不配合，这学生真的没法教育。"他为什么说这话？因为他昨天可能跟某个家长刚刚发生了不愉快，颇有感慨，讨论时就说出来了。这句话对于他本人有抒情作用，对于讨论则毫无作用，没有专业意义。这个案例如果需要家长配合，你要具体分析，笼统说这么一句是毫无用处的。这种人其实不知道自己为什么要发言，他以为自己是在参与讨论，实际上是在自我抒情。此类情况是相当多的。有很多人，传媒流行什么词，他就跟着说，其实根本不知道自己为什么要说。

其次，你在参与专业讨论的时候，每次发言都应该知道自己在说什么，一些概念你得清楚。我印象比较深的是，有一次我看到一篇以色列学者的文章。这位学者的价值观是另一套，我跟她价值观完全不一样，我就提了不同的意见。结果有位中国网友就批评我道：作为现代人，起码要求是你得尊重不同的意见。意思是说我不尊重人家。我就回复说，我完全不赞成这位以色列学者的看法，但我的发言，无论对她的观点还是她本人，都没有丝毫的不尊重。这位网友不说话了。原来他所谓的尊重，就是你得听人家的，人家怎么说你都同意，就叫尊重。其实这不是尊重，尊重跟赞成是两码事。

最后，你要能全盘掌握自己思路的来龙去脉。比如这一个问题生案例，开始我怎么想的，后来我怎么想的，再后来我怎么想的，目前我怎么想的，要全盘掌握。你得经常回头看你最初说的是什么，因为你会发现讨论时间久了以后，弄不好就忘了初心。我也有这种情况，因为我这脑袋里案例比较多，就弄混了，把这个案例安到那个人身上去了，或者时间长了我忘了怎么回事了。所以我每次发言之前，我会回头看看我原来说了什么，我那时候怎么想的。你的观点可不可以变呢？当然可以。讨论嘛，你后来的想法跟开始的想法不一样，甚至相反，都是可以的，但是你一定要搞清，我是什么时候变的，为什么变的，怎么变的，我变的理由是什么。这样你才能得到训练和提高啊。有的时候你会糊里糊涂的，开始认为如何，后来不知道怎么就变了，前后矛盾了，自己都没发觉，这种讨论对于你就没有价值。人不怕错，就怕错得不明白。知道自己怎么错了，下回不这么想，这样你专业素质才能提高。这有点儿像下围棋的复盘，就是你下完棋以后，你应该很清楚地回忆，我当初一步一步怎么走的，全盘掌握，而不是只知道我现在怎么想的。这样训练，你的思维就会越来越严密，水平越来越高。

有人可能会问，这样是不是活得太累了？是，但这是讨论专业问题的时候，平常你大可马虎一点。世上很多思维严密的人，他一定在很多事上思维不严密，马马虎虎，糊里糊涂，这样他才能抽出精力来在某个方面追求严密。不可能处处严密，那就累死了。有严密处，必有不严密之处，这才正常。但是，一旦你进入咱们这个研究组的讨论状态，那就请你注意，你必须严密监控自身的思维。这是一种本事。刚开头我就说了，你得跳出自我看自我，直接把自己分成两个人，有一个人跳出去，回过头来监控自己，像监控探头一样。这个必须得学会，不然的话，你想成为研究型的教师，不可能。

6. 思路的展开与对策的层次性

当我们讨论一个问题生案例的时候，第一是展开思路，就是我把思路发散开来，考虑到过去、现在、将来，考虑到横向各种联系，各种途径来分析这个问题。我发现现在有相当多的老师，思路展不开，像死机一样，卡在那儿了。这就没法讨论，没法研究问题了。研究的前提是把思路展开，脑筋动起来。

第二点就是，思路要有层次。就是说，你考虑问题，分析问题也好，解决问题也好，都会有很多想法，很多办法，这些东西是分层的。第一层可能解决不了，我用第二层第三层，上策中策下策你都要考虑到。这样你才真正属于研究型的教师。

7. 思维的自我封闭问题

很多老师思考问题时，总是从自我出发，非常拘谨，非常狭窄。谁能够跳出来，谁能够看得更宽一些，谁能看得更立体一些，谁将来就会有成绩。

这问题看来相当严重。2020 年 4 月 19 日，教育行政学院给几百名外地老师播放了我的两个视频课。一个题目叫作《班主任如何少做无用功》，我讲了一个小时。另一个题目叫作《个案诊疗中的词语联想分析》，我也说了将近一个小时，同时让老师提问。问题收集起来，后来发给我了。我看了一下，一共 57 个。令人震惊的是（其实我也不震惊了，因为这种情况我见得太多了，几乎每次让老师们提问题都是这样），这 57 个问题，符合第一个题目，不离题的只有一个，符合第二个题目的也只有一个，而且还这么问：这个词语联想，高中学生能用吗？其实我都讲过了，你从提问中可以看出这些老师在想什么，怎么想。

都在想什么呢？就是甭管你讲什么，我脑子里头就我自己那点事儿：某某学生表现如何如何不好，怎么办？某某家长不配合工作，怎么办？快要考试了，学生不着急怎么办？全是这个。我们相当多的老师，他的想法完全停留在这个范围和这个层面，别人说什么，他实际上都没听进去。他的想法就是，你必须直接立刻解决我眼前这个问题，要不然你就是屁专家。这叫什么？这叫作思维的自我中心，或者自我封闭。他看这个世界，完全只能从自己的角度往外看，而且就这么一个小范围，其他东西不看。他完全没有能力换一个角度想事，只能从自己的角度往外看，这叫单向度思考，立脚点固定不变。就跟瞎子摸象一样，我摸着一条腿，我就满脑子都是这条腿，其他都不管。

老师们，要是这样的话，咱们的专业素质可就真的很难提高了。我们的理论工作者，或者说专家学者们，其实也是这么回事。他弄了一门什么学问，满脑子都是这门学问，你老师面临什么具体问题，我不管，我不负责思考你的问题，我就只会讲我这一套理论，就在这些概念圈子里转。所以，实际上理论工作者和实践工作者这两张皮，两种人，思维方式是相同的，都是自我封闭。理论工作者封闭在他的概念里，实践工作者封闭在自己眼前那点事里，大家都得不到提高。为什么我们老讲理论联系实际？就是说理论工作者，你得面对实际问题，实践工作者，一定要想办法从不同角度分析这问题，不能只站在你的角度说你那点事儿。

别忘了我们的研究组是问题生教育研究组，要教育好问题生，也是这个道理。我们一定要通过不停地调查研究，从很多角度来看问题生到底是怎么样形成的，然后考虑用什么办法来把他的问题解决。你不能只想改造别人，不想改变自己。你看我们有一个题目是《班主任如何少做无用功》，老师们提问，谁也不反思自己做没做无用功，却一味地问怎么改变学生和家长。无论理论工作者还是一线工作者，都普遍缺乏改变自己和提高自己的愿望，只想搞定别人。专家们说，你干吗不听我的？一线教师说，你干吗不解决我的问题？就都是我我我。这样的话，我们都很难提高。我们成立了一个问题生教育研究组，我从一开头就跟大家讲，一个是我们要从不同的角度考虑一个问题，别封闭。另外一个，我们千万不要只从自己这里往外看。否则的话，无论是各位，还是我，都很难得到提高，这一点我希望老师们千万考虑考虑，因为这个问题我已经看了好几十年了，半个世纪了，一直没有大的进步。人们思考问题，非常拘谨，非常狭窄。谁能够跳出来，谁能够看得更宽一些，谁能看得更立体一些，谁将来就会有成绩。

　　我再解释一下，我怕我没说清楚。有的老师可能会问：王老师，您讲的是教育问题，人家听课的学员提出自己面对的教育问题，怎么不行啊？干吗非得切合您那个讲课的题目？是这样，如果偶尔有几个老师这样提问题，我觉得很正常，因为面对问题，他着急啊。他当然想先解决他眼前的问题，这是可以理解的。问题不在这里，问题关键在于，几乎所有的老师全都是这个思路，而且多年来都是这样，这说明我们的很多老师已经形成了一种凝固的思维方式，可怕在这儿。

　　这种思维方式有什么特点？就是摆出现象，然后问怎么办，这不属于专业提问。同志们，任何一个普通百姓都会这么问：孩子不听讲怎么办？您是专业人员呀！比如我刚才讲的这个"班主任怎样少做无用功"，其实班主任在教育问题生时做的无用功是非常多的。我见到很多老师跟问题生的谈话，一句都没有用，都是废话，因为根本不管事。很多班主任给家长打的电话，根本不应该打，都是无用功。他就从来没想过，我这是不是无用功？这只是习惯性动作。如果有老师这样提问：王老师，我们班有一个什么什么样的问题生，我有一次跟他谈话，这么这么说的，您看我有没有做无用功？这就像个专业人员的提问了。既切合我讲课的题目，又能帮他解决眼前的问题。如此提出问题，一点儿都不难呀！你还别说，他就真没这本事，因为他已经完全不习惯这么想事，他从来没养成如此提问的习惯，他的提问都是那种摆出现象，问怎么办，全是这样。这非常非常可怕。

这跟我们的教育有关，我们从小没有教育孩子学会提问。这种教育首先把老师害了，其次才害的学生。如果你老背答案，记答案，时间长了，脑袋就锈住了。我看我们有很多老师，脑子就已经锈住了，他已经提不出高质量的问题了，只会问怎么办，老百姓式的提问，外行式的提问。这谁不会呀？你到医院去，哪个病人都会说：大夫，我头疼怎么办？你根本没有学会思维。这是非常非常麻烦的一件事，我之所以在咱们这个研究组刚建立时就反复强调这件事，就是我很担心，最后有些老师，他学不到真东西，他本人没发生什么变化，只不过增加点知识，学了点儿招数。这当然也是一种收获，但这种收获就太肤浅了。我希望一百多个组员里面有一些老师是真的从自己内部起一些变化。人是不喜欢改变自己的，人们一般都习惯于我不变，别人得变，实际上没有这么好的事情。

8. 为什么教师往往缺乏调查研究的习惯?

我们千万不要只学几个招数，要想办法改变自己的思维，使你有调查研究的思路，有研究能力，遇到问题可以自己找到解决的路子。

我们可能已经看出来了，问题生教育，关键是调查研究和分析。然而有很多老师，甚至可以说多数的老师并没有调查研究的习惯。为什么会这样呢?

一个是有很多人认为，我早就知道怎么回事了。他把他眼睛看到的，就当作是调查了，他相信自己的眼睛。其实眼睛有时候看不到事情的本质，看到的只是表面现象，只是一个侧面。你要是觉得自己已经了解学生了，你就不再去调查，也不再去研究了。事实上，当老师的对学生的了解，一般说来，都并不深入。甭说老师，就说家长，很多家长都自以为很了解自己的孩子，知子莫若父啊，我怎么会不知道?其实根本不是那么一回事。人对人的了解是相当困难的，不信各位想想您的父母对您的内心了解多少，您就明白了。如同家长不了解自己的孩子一样，当老师的也常常并不了解学生。你认识到这一点，真心实意地承认这一点，你才可能学到新东西。学习的前提是承认自己无知，这不是谦虚，是实事求是。我们对世界的认识，对学生的认识，是永远没有止境的，而且一般我们都了解得很肤浅，像我这个年龄的人，就更深刻地认识到了这一点。

第二个原因就是现在有很多现成的、廉价的答案特别害人。有好多标签，贴起来很方便，贴了以后你就觉得自己明白了，就不再深入调查研究，也不再具体分析了。学生为什么出问题呀？现在最常见的标签，他缺少爱啊，他缺少沟通啊，他有心灵创伤啊，他单亲啊，他缺乏安全感啊，他从小没培养良好的习惯啊……这些说法几乎能解释一切问题，能给人一种似是而非的满足，特别害人。有些专家，还有一些优秀教师在贩卖这些标签，实际上事情绝不是这样简单的。缺少爱的孩子很多，并不都成为问题生，多数不会成为问题生。有心灵创伤的、单亲的孩子多极了，绝大部分人也都挺好，不会变成问题生。有些孩子家里没帮他养成良好的习惯，他长大以后，会吃一些亏，但慢慢也能适应社会。可见情况是非常复杂的，需要具体问题具体分析，绝不是贴个标签就能解决的。然而一旦贴了标签，你就不再思考了，所以说很害人。

第三个原因，他也想调查研究，但不知从何入手，也不知道往哪想。我调查什么呀？这是个非常重要的问题。有些老师并不是不虚心，他承认自己不了解孩子，他想了解，他也不相信某些现成的答案，但他就是启动不了思维。你不要以为你想调查就会调查了。大家仔细想想就会明白，人实际上是带着想法用眼睛观察的，你的想法往往走在你的眼睛前面。有的心理学家甚至说，人只能看到自己想看的东西，这话说得有点过火，但是有一定道理。比如说医生，他是先估计你可能是肝炎，才让你去检查肝功能，估计你可能是肾有毛病，才让你去验尿的。

调查研究的前提是你有些想法，有所假设。问题是有些老师他没有假设的习惯，没有这个能力，他假设不出什么来，于是他的思路就停在那儿了，死机了。结果他就只能用习惯性动作来教育学生，一批评，二惩罚，三给家长打电话。解决不了，就束手无策了。然后他就开始埋怨这孩子，你怎么不打开心扉呀？我怎么就走不进你的心呢？其实他不考虑，这里可能有自己的能力问题。我们参加这个问题生教育的研究组，希望大家千万不要只是学几个招数，那也有用，但是用处不大，我们要想办法改变自己的思维，使你有调查研究的思路，有研究能力，遇到问题可以自己找到解决的路子。这是我最希望的。

怎么样才能够假设出几种情况？靠两条，第一条，靠你的经验，你见得多，你就能假设几种情况。第二条，靠理论，读一些心理学的书，教育学的书，那里面有些概括和分类。提出假设以后，你就可以验证了。其实大夫治病就是这种办法，他先假设，然后让你去检查，验证一下，然后再下药，我们要学会这种科学的思维方式。

9. 写案例为什么需要有心理测验材料？

我们希望多出研究型的教师，会自己分析，能对症下药，这跟操作型教师是不可同日而语的，这是教师超越自我的关键。

我们讨论问题生教育，为什么需要提供一些心理测验的材料？比如说早期记忆，比如说词语联想，比如说五项图。为什么需要这些东西呢？是这样，如果我们只让一个老师叙述一个学生的表现，然后做诊断，行不行呢？行，但是有两个大问题，一个是他可能会很主观，一个是你了解的情况比较肤浅。你会发现，一个老师对这个学生有某种看法，另一位老师可能看法就不一样，这里面就有主观的成分。主观的成分就会对于诊断者有引导作用。比如你给我发一个案例来，你只有叙述，你说这孩子品德有问题，我就顺着想，其实他可能没有品德问题，或者主要不是品德问题，我就被你引走了。

心理测验材料，相对说来要客观得多，因为早期记忆是他自己记住的事儿，词语联想是他自己脑子里装的词儿，五项图呢，可以看出他的思维方式和他的一些心理状态。这东西比较客观。所以我分析案例的时候，如果你没有早期记忆和词语联想，我老觉得没把握，有这个以后，我就相对有把握一些。这个心理测验的材料相当于什么？相当于医院做的各种检查，B超啊，CT啊，验血啊，验尿啊，像这些东西。这东西很客观。

我们这里讨论案例，大部分都有这些材料，他们已经入门了。有的老师说，我不会采集，我没有接触过。各位老师，采集早期记忆、采集词语联想和五项图都是挺容易的。有的老师在班里像做游戏一样，就把这事儿办了。一人发一张纸，你们写你们六岁之前记住的事儿，记得最清楚的先写，写当时什么情况，什么人，什么事儿，你当时什么心情。学生做了，一个班都收集上来，就有心灵档案了，这事并不难做。真正难的是分析，因为不像医院里那个化验单，血压哪个高，哪个低，一看就知道。这个心理测验的分析像什么呢？像读书，好像让学生写篇文章，你能读出他的中心意思来。这个实际上是个语文问题，是个理解问题。这需要慢慢地锻炼。咱们最近一个案例的提供者，无名指老师，他以前可能就没有接触过这些东西，但是他很快就进入状态了，以后他就更有谱了，某学生搞不清楚，我就让他做个心理测验，然后我就分析，分析不出来，或者是分析得没把握，那好办，发到网上，咱们这一大帮人帮你分析。我就希望各位老师搞一两个案例，不要觉得这是多么神秘的事儿，一点儿都不神秘，跟读书一样。

我经常给老师讲课，我接触过不少老师，他们的态度是：我不愿意动脑筋，我就看看有什么招儿，我觉得可以用，我就用。这种老师挺多的。我有时候到学校去讲课，校长就跟我这么说："王老师，您少说理论，您就多说点儿可操作的办法，拿来就能用的。"你看校长都是这种态度。这行不行啊？行，有的人就靠一些习惯动作，照样能当优秀班主任，还得奖状，还介绍经验。但是我告诉你，如果你只会这样做的话，你永远是个操作型的人才，你是干活儿的，你不会分析，就很难成为研究型教师。

我们成立研究组，就是希望培养出一些研究型的教师，他自己会分析，确定了病症，然后对症下药，这跟操作型人才就不可同日而语了。现在组里经常发言的这些老师，就基本上是研究型的。他们经过了培训，所以你看他写案例，就比较正规。其他老师很快就能够入门，以后的提高，那是一个过程，短时间不行，但是入门并不难。我希望各位老师积极地、主动地、大胆地提供案例，咱们大家讨论，争取做一个真正的专业人员。目前很多老师，教学上咱不说，从教育角度来说，真正像个专业人员的，恕我直言，不是挺多的。你看他说的话，跟一个家长一个老百姓说的没什么大区别，没有什么专业性。我希望咱们这个研究组的老师，能够多出一些研究型的人才。

10. 案例材料形散神不散

　　我们分析案例的时候会见到很多材料，早期记忆、词语联想、五项图、全家福，还有一些梦，还有他的平时表现，老师们对他的评价等。有时候你会感觉到这些材料之间毫无关联，东一榔头西一棒子，看不出它们之间有什么关系。我的经验，其实它们是有联系的，形散神不散，只不过有的时候咱们一时看不出来。

　　一个孩子的材料，他的个性，一般说来，总会有一个基调，一个关键词，一个主旋律，一个基本特点或主要特点。这个东西抓住了以后，你就能把有关材料串起来。这就是我所谓的逻辑链、逻辑网。就像一棵树，它是个主干，各种材料就像一根一根的树枝，看能不能安在它这主干上。安好了，这就是一个完整的活生生的人。

　　学习个案治疗的老师们，经过不太长时间的训练，就都有一种本事，拿到一个学生材料，肯定能说几句，等于说，起码我能看见一根树枝，两根树枝。但是，你能不能敏锐地发现主干，这就不好说了。发现主干以后，你能不能把那些树枝一根一根地安在这主干上，看着还挺顺溜、合理，能自圆其说，就不容易了。这真不是一时半会儿能学得会的，需要你的知识背景、你的思维能力达到一定的火候。这个不要着急，慢慢练。

　　我还要说的是，当你能熟练地把这些材料糅在一块儿，抓住主干，抓住关键，说得头头是道的时候，你也别骄傲。因为这只说明你会思考，能说善讲，至于是不是这么回事儿，还得靠实践来检验。所以，最后检验的标准不是你说的圆满不圆满，而是事实如何，这才是真正的关键。

　　这个事情也不要太死心眼，不是说非得抓住一个特点，能概括所有的材料，也不一定。有时候学生不止一个特点，它有几个特点，并列的，分不出主次，也是可能的。但是，就我自己的经验来说，多数孩子是能找到这么一根很粗的主干的。

11. 有些思维缺陷，自己发现不了

真想学习，真想提高自身素质的老师们一定要注意，你需要别人挑毛病，而且需要比你层次高的人给你挑毛病。

大家都知道，无论学生也好，老师也好，写文章经常有离题的现象。一般说来，离题是自己发现不了的，你感觉不到。有些老师写的学生诊疗报告，它的对策部分和前面诊疗部分不匹配，实际上就是一种离题，他自己是觉不出来的，就好像作文离了题自己不知道一样。为什么呢？因为你的思维虽然不合逻辑，但合乎你的习惯，合乎你的思维定式。就是说，你自己觉得它合逻辑，实际上不合逻辑，你是觉察不到的，须由别人来指出，你发现不了。

我们自己在思维方面能发现的是什么问题呢？能发现的是自己这个水平和层次所能达到的高度上的问题。比如说我作文本已达到了一般不离题的水平，但是这次马虎了，思路跑了，等我静下心来再看一遍，发现我离题了。这个我能发现。但真正超出你的水平和层次的离题，你是感觉不到的。

有的老师可能就要问，我发现不了，那可怎么办呢？只能由别人来发现，别人来告诉你。这有两个途径。一个途径是读书。我们读书其实就是要发现自己想不到的东西。书中观点跟你的看法可能相同，也可能不同，但它必须给你提供新的信息和新的思维，否则的话，这书你读了没有意义。还有一个办法，就是讨论，进行质疑或者反驳。你发言自我感觉良好，人家说你这不对，你自相矛盾，你没法解释。这时候，我才能够想到，原来我的思维水平就只能达到这个高度，人家看问题那个角度，我没有，人家看得宽，而我思维面非常狭窄，所以人家就比我要说得更明白，更合逻辑。

能够在这些方面对你加以指导的人才是真正的良师和益友。为什么我们很多老师工作多年，一直进步不大？就因为他回避这个。他回避自己离题的问题，回避自己不足的东西，他不愿意让人指出这个缺陷。这种人挺多的，他要是喜欢这样，我们也不要过多地干扰他。但是，真想学习，真想提高自身素质的人一定要注意，你需要别人挑毛病，而且需要比你层次高的人给你挑毛病。他要是跟你层次一样，就看不出你的毛病了，说不定比你毛病还多呢。所谓醍醐灌顶，所谓茅塞顿开，所谓豁然开朗，所谓一语点醒梦中人，就是这种情况。人家能指出你思路的错误，不是你哪个字念错了那种帮助。那当然也是帮助，但不是大帮助。真正意义上的学习，就是发生质变的学习，打破你的思维定式，让你实现自我超越的学习，不是简单的量的变化。

这就是为什么我们要成立一个研究组，为什么我非常欢迎大家在组里面发言。你光听不成，你光是接受型学习，这关你永远过不去。必须得有人挑你的错，你才能进步。各位老师，你们不要回避这个事，别怕出丑，别怕露怯，别怕有人反驳。

下面有一个很好的范例。

扁舟：最近我们区"教育诊疗"研究小组的老师们把自己的案例提出来讨论，王老师不停地质疑和提出改进意见。我们就不断地讨论、研究和反思。过程有点痛苦，要知道，改正知识类的错误很简单，改过来就可以了；但改变思维方式，需要不断地自我调整和训练。可是，当我们有了进步以后，真的有豁然开朗、茅塞顿开的感觉。思维能力提高了，再来看以前觉得复杂的问题，思考能力真的强了很多。大家开玩笑说，每讨论一个案例，被王老师"吊打"的感觉很"酸爽"啊！

12. 了解学生的过去，才能明白他的现在

老师们可能会注意到，谈到每个学生，我差不多都会问家庭情况。为什么呢？很简单，他是那块土壤里长出来的苗，你连那个土壤都不知道，你怎么了解这棵苗呢。不知道一个人的过去就没法了解他的现在，所以必须认真地了解他的家庭情况。但是请你们注意，我的姿态是调查的姿态，不是埋怨的姿态。我不埋怨家长，不甩锅。"你们家孩子怎么这样呀！"这样说就不像教育者了。我了解家庭情况是为了把根源搞清楚，以便我现在做好工作，不是把责任推给家长。他肯定有责任，为什么不推给他呢？因为我有大量的经验证明，没用。没用的事就是无用功，我不做。有一些家长是可以配合你做一些工作的，那我就请他帮我；有的家长是指望不上的，那我就不招惹他；有的家长不但帮不上你，弄不好的话，还会给你找一大堆麻烦，那我更不轻易联系他了。我这是明智。

如何对待家长，这问题是很重要的。跟家长打交道，最反映一个老师的生活经验和社会经验。咱们当老师的生活经验、社会经验相对较少，所以跟有些家长打交道的时候，常常气得要死，其实这是你自己的问题，你就不应该招惹他们。

13. 讨论不要离题，不要背书

> 理论应该化作能力，如果没化作能力，就是书呆子一个，会理论脱离实际。

我们是讨论学生问题的，这里相当于一个问题生医院。除了治病以外的其他事情，我们不讨论。比如现在网上有一些热点问题比较极端，虽然有的也涉及问题生，但是我们这里一般不讨论。为什么呢？因为网上情况不明，它常常反转，咱们不陪着它转，咱们就讨论眼前的实实在在的现实生活中的学生问题，讨论怎么教育。

我们这里也不做一般性的理念探讨。为什么呢？因为那样的话就没边儿了。比如说上次有个调位子问题就差一点儿离题了。给问题生调座位，可不可以？咱不做一般性的座位调动研究，就说这一个问题生该不该调，可不可以调，能不能调。我们不讨论一般的调座位要不要征得本人同意，要不要本人高兴，这样讨论就没边了，可能离题。

另外，我们这里不做宣传。比如某某学校工作做得好，升学率多么多么高，这跟我们的讨论没有关系。我们这里基本上只说问题，不谈成绩。就好像医院是治病的，不是选美的。如果某些优秀教师的工作很好，他那班的问题生转变了，怎么转变的呢？有什么经验介绍一下，这个我们欢迎。除此之外的事情不要说。又比如说某个问题生涉及了一个心理问题，于是你就开始讲心理学知识，这可能是你的专业，但请仅限于跟问题生教育有关的心理学知识，不要在这儿给我们上心理学课，拽着我们奔你心仪的那个心理学学派跑，那不行。

我们这里目的非常明确，方向非常明确，就是分析和解决眼前学生的问题，这样我们精力就会比较集中，可以少浪费很多时间。如果这个群最后变成一个庙会，卖什么的都有，这是绝对不可以的。若出现这种情况，我又拦不住，我一定会退出。

有的老师可能要问，王老师，您怎么对理论这么仇视啊？我解释一下。我们早期的领导人曾经说过，我们打仗的时候从来不看书。这不等于他们没理论，真实的情况是，当解决具体问题的时候，他们的理论已经全都化成了能力，已经能活用理论了。没听说一边打仗一边翻书的，那能打赢吗？比如心理学，你有没有心理学知识，我不管，你应该早学，你应该学通，遇到一个问题生，你的心理学知识应该能活用在这个孩子身上，这才是真理论。现在假理论太多，他只会背词儿，具体到一个孩子，他不会分析，顶多是给贴个标签，贴完就走了。这是我们要反对的。

各位，如果您对理论感兴趣，我特别欢迎。我读过很多心理学的书，但是我在分析一个具体孩子的时候，很少提理论上那些词儿。理论应该化作我的能力，如果没化作我的能力，我就是书呆子一个，理论脱离实际。

14. 教育问题生，就是在没有路的地方找路

问题生教育，特别考验老师尤其是班主任的创新能力。在教育方面，你能不能在没有路的地方找到新路，你能不能在走投无路的情况下找一个抓手，这真是目前教师培训和师范教育的一个极其重要的问题。

什么叫问题生？其实在一定意义上可以说，问题生就是那种把老师弄得束手无策、不知如何是好的学生。尤其是中度和重度的问题生，就是这种情况。所以，教育问题生差不多就是在没有路的地方寻路探路，这是一个创新性很强的工作，特别考验老师们在教育方面的创新能力。大多数老师面对问题生时都几乎产生过绝望情绪，这本质上是创新能力差。教育问题生，老路是不通的，已知的办法不灵通。班主任有相当一部分人基本上是以习惯动作来教育学生，比如批评啊，表扬啊，连哄带吓唬，不行就给家长打电话，请家长来，还不行，就埋怨这家长怎么这样，孩子怎么这样等等。

班主任工作是这样，教学呢？教学上创新能力也不行吗？其实问

题也不少。有不少老师，如果他静下心来思考一下自己的工作状态的话，会发现，整体上与其说他是个教育者，不如说他是个监工、工头。他的任务就是监督学生学习，至于他自己学到了什么东西，真的很难说。你想，如果老师不是学习者，他怎么能培养出真正的学习者呢？老师不爱动脑筋，怎么能培养出动脑筋的学生呢？

问题生教育，特别考验老师或班主任的创新能力。在教育方面，你能不能在没有路的地方找到新路，你能不能在走投无路的情况下，找一个抓手。这真是目前咱们的教师培训和师范教育的一个极其重要的问题，可是现在重视得实在是不够。

三、学生问题诊疗的策略

1. 问诊怎么问？

问诊是教育问题生很重要的一个环节，但如何问是有技巧的。有假设的提问比无假设的提问更专业，有整体估计的提问比随机性的提问更专业。

有老师提过一个问题：在学生诊疗时，我们要先全面地了解，然后才能有准备地进行猜测。那么，我们是先问后分析，还是有点儿分析，有个猜测以后再问呢？

这个问题很有趣。

问诊有不同的问法，一种叫作无假设的提问，一种叫作有假设的提问。无假设的提问就是说，我没有任何分析，我心里没数，我发现问题我就问。比如说我见到一个材料，我就问家长什么职业、什么文化水平，还没有假设呢，我就问。为什么？因为家长的职业和文化水平属于基础材料，必备材料，常规材料。这样问可不可以呢？可以。另一种是我有准备，我已经有点估计了，我心里有点数，或者朦朦胧胧有点想法，然后再问。比如说我一看这孩子材料，大概能估计家长什么文化水平，甚至估计出他可能从事哪一类的职业，然后我再问。

这叫有假设的提问。这两种问法都是可以的。哪一种好呢？第二种。事先有点假设，哪怕假设是很朦胧的，有比没有好，我们要尽量减少无假设的提问。

再从另外一个角度谈提问。是随机的提问好呢，还是有整体估计下的提问好呢？这是两种提问。一种提问是随机的，我看到一个问题，我就问。比如说我看这孩子画的五项图是个剪影，有点儿新鲜，我就问，干吗用剪影啊？对这个孩子，我整体上还没做估计，我心里没数，我就问。可不可以这么问？可以。另一种问法就不一样了。我已经把材料看完，大体上估计这是怎么样一个孩子，而且我也好像有点理解他，用这种剪影方式是有道理的。但我还要问一下，为的是证实我的想法。可能学生的职业理想也是这样。我已经对孩子有一个基本的估计，他大概会喜欢哪方面的职业，然后我再问他的理想。这就是有整体估计的提问了。这两种问法都是允许的，哪一种好？有整体估计的提问好。好在哪儿呢？有思维含量。有假设的提问比无假设的提问更专业，有整体估计的提问，比随机性的提问更专业，而且有利于专业素质的进一步提高。

打个比方，比如说有几个人围着一头大象进行分析，他们要提出这样那样的问题。有经验的人，只要听你提问，就能估计出你是站在大象的哪个方向，离大象有多远，你看到的是大象的腿呀，还是肚子呀，还是象牙呀，能听得出来。这些人里面哪个人目中有全象，整个象他都能看得见，哪个人抓住了这个象的特点，也能听得出来。提问是很能反映一个人的思维的。我听你问什么，我就知道你在朝哪儿想，我知道你朝哪儿想，我就大概能判断出你对问题认识的深度和广度。这和大夫治病是一样的。你听大夫问这病人什么问题，你就知道他对这个病人的病已经理解到了什么程度。所以，问诊是很重要的一个环节，会想的人才会问。

2. 问题生的问题，有何特点？

问题生之所以是问题生，就是因为他不改，反复出现某种毛病，而且严重。

学生都有问题，严格地说，没有无问题的学生。我们老师也一样，谁没问题呀？那他们为什么叫问题生，别人就不叫问题生呢？原来，问题生的问题有两个突出的特点：一个是程度比较深，比较严重。这和人得病是一样的。比如说，我这两天感冒了，我不去医院，我自己吃点儿小药就好了，我们就不说我得病了，只说不舒服。学生问题也一样，他有些小毛病，我们说他有缺点，不说他是问题生，只有问题严重了，才说他是问题生。

问题生的问题还有另一个特点，不容易改。问题生几乎都是屡教不改的。你教育教育他就改了，这不叫问题生。一个学生出问题，老师稍帮助他就改了，他是没有资格做问题生的。问题生之所以是问题生，就是因为他不改，反复出现某种毛病，而且严重。这和人得病也是一样的。比如你感冒，你吃点儿药，喝点开水，好了，这只是小毛病。但如果你每星期感冒一次，或者每月感冒一次，那就不对了。那恐怕就是病了，你得上医院看一看。得病就得上医院，自己解决不了，同样道理，问题生就得诊疗，一般的管理，一般的批评表扬解决不了，要不然这就不是问题生了。所以，屡教不改应该是问题生问题的一个特点。因此我们在教育问题生的时候，不管取得什么样的成绩，我们一般不说问题完全解决了，可能只是在一定程度上解决了，可能会反复。

几十年前教育界就流行一种说法，叫作"反复抓，抓反复"。学生问题难免出现反复，改了以后，他又犯了。在"反复抓"这个问题上，老师可分成三个层次。第一个层次的老师，他很不耐烦，你不是改了吗？咋又犯了？这种老师属于第一层次，业务水平有待提高，敬业精神也差一点。第二层次，教师认识到学生问题出现反复是很自然的。小孩嘛，改了又犯了，所以我得反复抓。这是比较好的老师，合格，甚至有的还很优秀。第三个层次的老师不一样在哪儿呢？他不满足于反复抓，抓反复，他要思索为什么反复。一般人对于学生问题的反复的解释很简单，这孩子不自觉呀，你管紧了他就好了，管得不紧，他可不就又恢复原状了，故态复萌。一般都是这样理解的。这个也不算错。但高层次的老师，研究型的老师，却能发现，有些反复是因为你没找到病根，实际上你所做的工作只是减轻了他的症状，好比说有些人身体不舒服，吃点止疼药不疼了，病根儿并没去。还有的只是注意力转移了。比如说某学生有问题，我通过励志的办法，打鸡血的办法，让他兴奋起来，把那事儿给忘了，他就不闹了。这算不算成功？也算成功。但如果你没有解决他的那个根上的问题，他肯定还会反复。

所以一个研究型的教师，他对于学生问题出现的反复，完全持科学态度，他不生气，他研究这个反复是不是因为我本来就没给人治好病，我只不过帮他减轻了症状。问题生难免有反复，但其中有的反复是我们根本就没找到病根。一般性的反复，我们要等待他逐渐成长，没找到病根的反复，那是我们误诊了，那我们就要赶快反思自己的治疗。

3. 积极治疗与消极治疗

积极治疗强调外因，外部干预；消极治疗强调内因，它主要是引导，敲锣边儿，引而不发。两种治疗方法都不可或缺。

这是有关问题生治疗的一次讨论：

海蓝蓝：根据我的经验，很多时候学生转变不是因为我们采取的措施正确，而是因为我们要帮助学生解决问题，学生觉得自己已经被老师所重视和关心。

我和学生在一起，不少时候很少讲话，而学生叽叽喳喳说个不停，许多问题就这样解决了。

这样被接纳的因果关系，凭学生经验当然无法说得清。

当然，许多时候老师也说不清楚，因为这些事情确实是不容易观察和说清楚的。

夸克：这其实带一点人本的色彩。学生感觉被接纳了，有很多问题也就消化了。

我们对问题生进行治疗，或者是对非问题生的某些问题进行治疗，有两种方式：一种是积极治疗，一种是消极治疗。所谓积极治疗就是多加外力干预，谆谆教导啊，表扬批评啊，规则约束啊等等，总之是从外部采取措施或从外部提供信息，对他进行干预，这叫积极治疗。而消极治疗是比较消极的，看起来似乎没做什么。比如倾听啊，陪伴啊，我不说什么话，我也没采取什么措施，我就是和你在一起。这种办法，效果有时候挺好的，大家千万不要迷信积极治疗和外部干预，因为消极治疗更能调动孩子本身的自主性。

为什么这种东西有效果呢？我研究过，可能是这么两种情况。首先，有些孩子对自己的问题若明若暗，糊里糊涂，搞不清怎么回事，只觉得不舒服。当老师的你并没有告诉他怎么做，只是把他的问题清晰地摆出来了，让他知道，哦，原来我是这个问题。剩下的事儿，老师就不管了，他自己有时候就能解决。就是说，当你清晰地提出问题的时候，有时对人帮助是很大的。我不去解决问题，我就告诉你什么病，剩下的你自己办。要知道，多数人都有自我治疗能力，就是所谓自愈。人无论在精神上还是在生理上，都有自我治疗的机制。有的时候我们没有怎么管他，自己慢慢变好了，就是这种机制在起作用。中医很讲这个，就是所谓固本，你自己能治病，你身上带着医生呢。国外的心理学也讲这个。心理医生一般就让那个病人谈话，他在旁边点头，倾听，他从不反驳，几次以后，你就会发现症状减轻了。这跟中医道理是一样的，就是固本，让你自己解决问题。夸克老师说这很有人文色彩，是的，人文精神有一个特点，就是强调人的主体性。

其次，人有被关注的需要，总希望别人注意自己，至少绝大多数人是这样，消极治疗有一种精神抚慰的作用。有一个老师曾经告诉我他的经验，有个学生很闹很闹的，他经常把他叫到办公室，站在自己旁边，或者坐在自己旁边，什么话也不说。过一会儿，这位老师说，你回去吧，这学生就回去了。一段时间后，就觉得这孩子慢慢变好了。这是怎么回事？是这样的。比如我的小孙子，因为什么事儿不愉快，哭了。我把他抱在怀里，什么话也不说，就摸摸他脑袋，过一会就好了。这叫精神抚慰，这也是一种很好的治疗方式。

积极治疗强调外因，外部干预；消极治疗比较强调内因，它主要是引导，敲锣边儿，引而不发。现在的问题是，什么样的孩子，消极治疗比积极治疗更管事，什么样的情况，消极治疗比积极治疗更管事，这个目前研究不够，我自己心里也不是特别清楚。其实这是一个很好的研究课题，各位谁有兴趣你们研究一下。一般说来，我的主张是这样：凡是能用消极治疗的，最好就先不要用积极治疗，你不要太积极。现在的老师，干预学生的积极性普遍太高，过高。校长也是，哪个老师要是不停地教导学生，他就觉得这才叫师德高尚。其实这是个外行。当年我师范毕业，实习之前，我们学校请优秀教师来给我们做报告。我记得很清楚，这位老师宣称，当老师得有说相声的嘴，拉洋车的腿。就是说你嘴要特别勤，腿要特别勤。他的说法有道理，但也有误导。一个老师，真正应该勤的主要不是嘴和腿，而是头脑。你在不停地想，才是脑力劳动者，你要是只有说相声的嘴，拉洋车的腿，你不是有变成体力劳动者的危险吗？所以我觉得一个真正明白的校长不应该提倡老师们傻干，不提倡单纯的、绝对的苦干，而应该提倡巧干。你看有些老师，人家说一句就管事，你那儿吼半天，学生不听。你不白费劲吗？要提高工作的含金量，发挥消极治疗的作用。

4. 治疗对策与诊断的匹配

每个人都有一大堆问题，要能搞清哪个是他的主要问题。你开药方，你的治疗措施一定要针对他的主要问题和主要原因。

诊断与对策的匹配指的是，你诊断他得的什么病，开药方的时候，哪个药应该是治这个病的药。如果不匹配，你连逻辑都不合，治疗效果可想而知。我们搞问题生诊疗，经常发现有的老师出现两张皮的现象。当他说这学生问题的时候，就跟聊天儿似的，说很多问题，形象生动。可等到谈对策的时候，他就已经忘了前边都说了学生哪些问题了，治疗方法都是一般性的习惯动作。比如说什么关爱呀，什么赏识啊，什么建立规则意识啊，跟前面不能说没有关系，但是不匹配，对不上号。

我们看一个老师是否学会了问题生诊疗，一个重要的指标就是你诊断的时候，要能够搞清这学生主要是什么问题。他当然一大堆问题，谁不是一大堆问题？每个人都一大堆问题，要能搞清哪个是他的主要问题。主要问题造成的原因也有好多，比如家庭原因，学校原因，你要搞清哪个是主要原因。等你开药方的时候，你的治疗措施一定要针对他的主要问题和主要原因，这才算头脑清楚。否则的话，你的思维能力就需要提高，你根本没想清楚。

比如说有一个学生，你经过调查、比对、思考以后，发现他的主要问题是有攻击性。攻击性的原因呢？攻击性有很多原因。某个孩子，他的攻击性来源于不安全感，他老觉得别人攻击他，要自卫，就攻击别人。那你在治疗的时候，你的主要方向应该是增加他的安全感，让他认识到别人没想攻击你，周围没那么多威胁，你不必过度防备、过度防卫。你来个赏识教育，就对不上号，相当于你得了胃病，开的是治关节炎的药。另外一个学生也有攻击性，他的攻击性主要原因是什么呢？是语言障碍，他有想法说不清楚，他就上手，着急呀。那你的对策主要就是应该解决他的语言问题，让他增加一些词汇，增加一些句式，增加一些经验，让他能表达出自己的意思来，就不必动手了。这种情况，你帮他建立规则意识就不管事、不匹配了。

无论你是说话还是写文章，有一条千万要注意，就是你一开口，就已经进入了一个语言系统，你得有能力把握你发言的全局，要尽在掌握之中，你前面说过的话，后面千万别忘了。你打算重点说什么，一定想清楚，这跟做文章是一样的道理。你得切题，得有主旨，得有中心意思。我听很多老师说话，在杂志上也经常看到一些文章，他前面说的话，后面就忘了。比如前面说过，这孩子对什么都不在乎，后面他又忽然说一句，这个同学，你可别沾上他，你碰他一下，他就跟你急。那你就不对了，就说明他很在乎啊！他的皮肤可能特别敏感，在乎这个事儿，你自己跟自己矛盾了。你会发现，老师们叙述问题生表现的时候，一般都比较生动具体，后面谈解决问题时，他已经忘记他前面都说什么了，有的根本就不提了，他没有掌握自己语言全局的能力，首尾不呼应。我们讲作文，讲到首尾必须呼应，你知道这是什么意思吗？首尾呼应，就是让你别忘初心，你开头想说什么你别忘了。这其实挺不容易的。所以作文问题本质上是思维问题。我们对学生进行诊断，实际上相当于一篇作文，有开头、后来、再后来，一段一段的，都应该是互相呼应的，最后那个收尾跟开头要呼应，后面跟前面要呼应。

一个老师是否学会了个案诊疗，一个重要的指标就是，你所开的药方跟你前面的分析是否匹配，如果不匹配，证明你头脑不清楚，还没学会。这不是一下学得会的，要多加锻炼。

5. 问题生教育是个纠错的过程

在路边鼓掌的人不需要教育，谁不会呀！把一个不需要教育的任务当作教育的目标，本身是非常荒谬的。

问题生教育，是在没有路的地方找路。现在换一个角度说，问题生教育，就是要先搞清楚我们走错了什么路。问题生极少是没人管过的，无论是家长还是学校，都曾不停地教育他们，然而问题没有解决，甚至愈演愈烈。那从逻辑上就可以说，我们曾经采取的措施，包括家庭的和学校的，恐怕都走错了路，都行不通。如此，我们这些搞问题生教育的人，就有了一个聪明的办法。我们拿到一个问题生案例，可以先打听打听，老师和家长都对这学生进行过什么教育，他们都走错了什么路，然后我们就可以反向推测，既然这些路不通，那这孩子可能是一个什么类型的孩子，经过验证，我们就可能找到新的路。

比如说家长陪伴孩子的现象。我接待过不少全职妈妈，那真是绝对的全程陪伴，把孩子烦透了。那就是说，你的陪伴可能是错误的，孩子不需要你这样的陪伴。再比如赏识教育，有的家长看了一篇赏识教育的文章，然后就不停地夸孩子，把这孩子夸得心里想，我妈是不是有病啊。这条路也不通，这孩子需要的不是这样的赏识，甚至他需要的可能都不是表扬。那他需要什么呢？我们可以倒过来推测一下。当然也可能赏识是对的，但赏识得不是地方，毕竟你还是走错了路。

这是一个很好的思路，我们研究问题生，先打听打听原来都怎么教育的，看看家长和老师做了哪些不适应孩子的蠢事，然后我们别接着做，不就得了吗。

注意，我要强调一点，适应不等于迁就。在教育方法上，在很多具体措施上，我们都可以千方百计地适应孩子，但是在教育的大方向上，就反过来了，我们要让孩子适应我们，适应社会，他要德智体全面发展。这个大方向绝对不能动摇，不能迁就。有一个家长写过一篇文章，他的孩子说，长大不想当英雄，只想在路边做一个鼓掌的人，给英雄鼓掌也挺好。家长就给孩子点了个赞。很多人也跟着说，这观点多新潮啊，多现代呀！其实这是不对的。为什么呢？因为在路边鼓掌的人不需要教育，谁不会呀！把一个不需要教育的任务当作教育的目标，本身是非常荒谬的。教育必须引导孩子向上，向上到什么程度，咱们不能保证，但是我们绝对应该引导孩子向上，要提高。在这点上，作为教育者，我们绝不能动摇。家长愿意动摇，悉听尊便，咱们当老师的不能动摇。但是方法上我们要尽可能地灵活，要尽可能地适应孩子，这是我们教育者的专业技巧。

很多事情都不可以做绝对化的理解。郑渊洁，童话大王，他有一个孩子，不让上学了，另一个孩子继续上。于是得出一个经验，必须尊重孩子自己的选择。对不对呢？对。但这事儿也不能作绝对理解。有些事孩子不想干了，家长就逼着他干，也成了。比如贝多芬，还有中国的郎朗。我看过一篇文章，说郎朗父亲用自杀来威胁郎朗——你不继续学钢琴，我就不活了。郎朗没办法，我练吧，最后也成了。

在战略上，一定要尊重孩子，但在战术上，不是那么绝对的。有的时候，一定程度的强制、逼迫，适合某些孩子。有的孩子就不行，逼急了他跳楼了。所以这些事是非常非常复杂的。没有绝对正确的教育方式，都得灵活处理。

有家长和老师也跟我说：王老师，我分析不出来，我摸不透孩子，那怎么办呢？我完全理解，我也不敢保证我的孩子我就摸透了。我就告诉大家一个最好的方法，中国人的智慧，摸着石头过河。我试着来，我这么办，那么办，看着比较合适，我就坚持下去，情况不对，快到临界点了，要爆了，我就缩回来，这是最聪明的家长。谁也不敢保证把自己的孩子教育好，这事是不能吹牛的。当老师的也是这样，我的学生我就能一个个都教育好？没有这种事，我们尽量努力就是了。

总而言之，问题生教育是一个纠错的过程，科学就是个纠错的过程。问题生教育，如果要提高科学性，就得把它变成一个纠错的过程。拿到一个问题生案例，我们先看看别人都犯了哪些错误，碰了哪些钉子，我们纠正过来，不再走他的路，这是第一步。然后呢，我自己选一条新路试着走。我不敢保证走对了，如果发现情况不对，我也得纠正自己的错误。纠别人的错，纠自己的错，不断地纠错，这就是问题生教育的过程。

6. 用心理测验避免案例陈述的主观引导

之所以在问题生诊疗中增加了心理测验这样一个环节，就是因为它比较客观，我们在接受材料时，难免受到一些主观判断的影响，心理测验能一定程度避免这种影响。

案例总要有人提出，或者由老师提出，或者由家长提出。提出的时候，就要陈述一下这个案例，就像病人见到大夫陈述一下自己的病情一样。这个陈述不可避免的是主观性和客观性杂糅的一个东西，既具有主观性，也具有客观性。比如学生姓名、性别、年级、家长文化程度、职业、各科学习成绩，这都是比较客观的。但是当他介绍这个学生的表现，尤其是典型事例的时候，就必定会掺杂着他自己的一些印象、情感，他会选择一些他认为最典型的例子来说。不管他主观意愿如何，事实上对于诊疗者就是一种引导。人只要说一些带判断性的话，对别人就有引导作用。

引导，有些是挺好的，帮你找到一个正确的方向；有的就会有意无意地把你导向一个不正确的方向。这种情况，我们在处理案例的时候遇到过很多。比如说，他说这个学生是问题生，其实不是。比如他说这学生是某某问题，诊断以后我们发现，有这个问题，但这不是主要的，还有更重要的问题他没发现。如此等等，这种事挺多的。他在引导你误诊。

萌妈妈老师说，我能不能不看他的学生行为陈述，不看他的判断，我只看一些最客观的东西，早期记忆、词语联想、五项图，这是比较客观的。是的，我们之所以在问题生诊疗中增加了心理测验这样一个环节，就是因为它比较客观。这个东西老师一般看不出多少东西来，咱们能看出来。这就好像医院里那个心电图，一张纸上面好多波浪线，你根本不明白怎么回事，但是人家内行人就看出来你心脏有没有毛病。早期记忆也是这样，别人看了可能莫名其妙，但是咱们能看出好多东西来。为什么呢？因为咱们是专业人员，这地方就显出你的专业了。萌妈妈老师说，我不看那个行为陈述行不行，我不看他的介绍，我不想知道他的看法，行不行呢？作为一个研究人员，你愿意这么做，可以。但是作为咱们问题生诊疗这个程序，你不能不让人陈述。因为任何病人到医院看病，他的病情陈述里头不可避免的要有主观性。如果你不让他陈述病情，他来干吗？他是治病来了，他不说病，你治什么呀？这种引导是不可避免的，关键就是咱们作为专业人员，应该能分辨哪些是误导，哪些不是误导。这是咱们的本事。

所以我们不必要求提供案例者尽量客观些，因为他客观不了。任何一个老师，对学生肯定有看法，这看法必有主观的成分。主观和客观，要想截然分开是不可能的，但它们毕竟还是两回事。我们要尽量减少主观性，防止被提供材料的人误导，这种警惕是完全必要的，但在提供材料的时候，我们还是允许他想怎么说就怎么说。有的时候你会发现老师对学生情绪特别大，实际上，他的情绪本身就已经暴露出他可能会主观得很厉害。你就更得多加小心，不要被他误导。咱们必须冷静，必须客观。

7. 词语联想在教育诊疗中的运用

词语联想是问诊学生的重要方式之一，班主任在词语联想中看到了没想到的东西，甚至看到他认为不应该出现的东西时，就应该引起重视。

栀子花开：王老师好，以下是我们八年级的两名学生的词语联想内容，也是我第一次运用词语联想测试我们班级的学生，这两名学生一名是男生，一名是女生，我让他们按照每个词头写 19 个词语，他们写好后我真的不知道如何解读，还请王老师指教，谢谢。

词语联想

小成：

天空：超级飞侠，大鹏，麻雀，杜鹃，乌鸦，老鹰，翼龙，飞机，战斗机，无人机，直升飞机，蚊子，苍蝇，飞蛾，萤火虫，云朵，卫星，树毛。

网：渔网，纱网，铁网，钢网，金网，银网，白网，黑网，紫网，绿网，春网，蓝网，电网，橙网，红网，黄网。

可是：可是你？可是他？可是我？可是小林？可是小金？可是小聪？可是小乐？可是小成？可是小明？可是小红？可是小刚？可是小飞？可是小龙？

跑：长跑，短跑，快乐跑，男子短跑，女子短跑，男子长跑，女子长跑，晨跑，晚跑，午跑，饭前慢跑，拼命跑，大步跑，小步跑。

平静：文静，安静，寂静，夜晚，写作业，发呆，眺望远方的时候，冥想时，死静，寂静，不讲话，睡梦中，思考问题时，作业本，休息了。

人：好人，坏人，大人，小人，乐于助人的人，两面三刀的人，一心一意的人，三心二意的人，稳重的人，急躁的人，容易接近的人，难以接近的人，天真的人，爱哭的人，爱干净的人，爱学习的人，知错就改的人。

小楠：

天空：大海，白云，大地，乌云，下雨，刮风，打雷，下雨，落叶，天线，飞机，小鸟，恐龙，树毛，UFO，外星人，宇航员，杨靖宇，氧气，二氧化碳。

人：有病，残疾，废物，男人，女人，孙子，发烧，感冒，生病，硕大无比，五大三粗，生殖系统，呼吸系统，运动系统，神经系统，循环系统，泌尿系统，细胞，病毒。

网：渔网，互联网，上网，蜘蛛网，蕾丝，食物链，食物网，电线，帆布，丝绸，树叶，交通路线，铁路网，QQ，微信，王者荣耀，刺激战场，浏览器，应用商店。

可是：而且，但是，即使，不仅，虽然，因为，所以，如果，可能，也许，或许，大概，应该，现在，立刻，马上，滚蛋，反正，穷光蛋。

跑：跑步，走路，狂奔，静走，百米赛跑，踏步，飞翔，苏炳添，跳绳，追赶，打闹，打小偷，摄影师，踢足球，骨骼肌，关节，肌肉，二头肌，三头肌。

平静：狂放，安静，炽热，平坦，冷静，死亡，心跳，大脑，燥热，躁动，收缩，舒张，静止不动，多动症。

（K12 班风小论坛）

王晓春： 只告诉我这两个学生一个是男生，一个是女生。可能前面的那个是男生，后面的是女生，八年级。除此之外，没介绍任何情况。我就提一个问题，我说你发这个，是要对这两个学生进行个案诊疗呢，还是做一般性的调查？如果进行个案诊疗，那需要提供更多的情况，如果是一般性的调查，光看这两个词语联想，也能看出一些东西来。各位想学习、有兴趣的老师，你可以自己看这词语联想，拿出你的分析和结论，当然这是一种猜想。然后再看我说什么，这样，你进步会更快一些。

再请问，这两个学生，您是要做个案诊疗，还是一般性调查？

栀子花开： 看了您的《给教师的一件新武器》后，常识性地给全班每名学生发了一张纸，全班参与。学生全部交了上来，让学生按照书中的要求来写，发现大多学生词语写得偏少，我从中抽了两名学生让王老师解读一下。

晨曦： 感觉小楠的知识储备应该比小成更好，思维水平更高。小楠好像对生物生理更感兴趣，也许是学习理科的苗子？

涌泉：感觉两人都是学理科的苗子，小楠比小成视界广。

案例解读：

第一个人物是小成，男生，第二个人物是小楠，女生。这个小成，他的思路能够展开，但是只在一个平面上展开。比如说第一个领词叫"天空"，他所有的词几乎都没离开天空。第二个领词是"网"。他说的都是网，他只能在这一个面上展开。我初步的印象是，如果不是对词语联想理解错误，如果他理解得对，可以自由联想，那这个学生知识面、知识背景应该是不太宽的，他的思维方式应该是不够灵活的。但是他比较规矩，比较努力，可能是这样一个人。要是我没猜错的话，这个学生的成绩应该是中等或者中等偏下。若他现在成绩很好，那他将来成绩可能会下降。

再看小楠，是个女生。很明显她的知识面要宽一些，也就是说她脑子里储存的词语比小成要多，而且种类多。在词语的连接上，她是跳跃的，其思维明显比小成要灵活，而且这是个女孩子，她的词语联想有点理科色彩，特别是对生理好像比较感兴趣。另外她的词语比较丰富，我怀疑这是一个心理能量很充沛的人，很有活力。如果没猜错的话，她的学习成绩应该比较好，起码比小成要好。这是我的初步判断。请如实评价这些判断的准确性。

栀子花开：多谢王老师的点评，您分析得大体上正确，那个小成成绩不太好，不是中等偏下而是特别差，那个小楠的成绩比较好，属于中等偏上的学生。对全班同学写的词语联想我真找不出什么规律，我感觉通过词语联想来了解学生真的很有限。也可能是我对这块领地还不怎么熟悉吧。谢谢。

词语联想是一种心理测验方式，但是它跟心理学上的词语联想是不一样的，我们已经把它教育化了，它属于教育科学了。具体做法就是我们出几个领词，让学生随意在后面联想一些词，一般是十个左右。小学生呢，可以少一点。一定注意，要自由联想，告诉学生，这不是语文作业，不是找同义词、反义词、词语接龙。就是你看到这个词，脑子里跳出一个接下来的词，自由地联想下去。

词语联想是从西方心理学引进的，但其实它并不神秘，我们通过一个人说话的词语，完全可以得到很多信息。比如说大家都有这样的生活经验。你在街上或者在公共汽车上遇到一群中学生，你听他们说话，不久就能听出他们是普通中学的，还是职高的，还是重点中学的。之所以能听得出来，是因为他们讨论的话题不一样，用的词语不一样，有不同的色彩。人自由联想的词语，可以看出他脑袋仓库里都存些什么东西，他对什么东西最感兴趣，他经常关注什么。词语联想的作用就是这样。

词语联想和早期记忆不一样。从早期记忆更容易看出他的人格特点，更根本一些，而词语联想一般都是反映这段时间里面他的状态。早期记忆在分析学生的知识背景、知识结构、思维方式等方面，不如词语联想有优势，所以我们要分析学生的智力结构，看词语联想比较好。

班主任分析学生的词语联想，跟我这样的局外人去分析一个孩子，是有差别的，这个差别还挺重要。比如说栀子花开老师，发了两个学生的词语联想让我来分析，我于是就说，小成的知识结构不如小楠，学习成绩我猜也不如小楠。结果我算差不多猜对了。但是这对于栀子花开老师似乎没有什么意义，他早就知道小成成绩比小楠差，用得着我猜吗？那么我的分析有什么作用呢？就是对栀子花开老师有点启发，你怎么分析，你的思路，你的姿态，就是这些，对班主任老师有启发。可以给全班每人都做，作为资料、心灵档案留在那儿，也可以找几个人做。

一般说来，词语联想对于班主任，一种是意料之中，一种是意料之外。比如说小成和小楠，他们的词语联想，可能班主任看完就在意料之中，他知道小成成绩不好，小楠成绩好，意料之中。这还有意义吗？有。你知道这情况以后，你的教育就会更有针对性。有些老师，学生成绩不好，他就说你就是不努力，其实不是这么简单的。你看了这个小成的词语联想以后，你就绝不会说"只要你努力就能上去"。他的整个思维方式，他的知识背景都不在一个高层次上，那你以后帮助的时候，就需要在更深层次上加以帮助，而不是光给他喝心灵鸡汤。

对于班主任，意料之外更重要。意料之外就是班主任在词语联想中看到了没想到的东西，甚至看到他认为不应该出现的东西。这是班主任注意的重点，也是词语联想最大的作用。我举几个例子。比如说某个学生非常阳光，成绩很好，可是，你在他的词语联想里发现很多非常阴暗的词语，焦虑的词语。这就不对了，他的真实心态被掩盖了。这个时候你要赶紧调查研究，做工作，不然就可能出状况。再比如说有一个学生，成绩中不溜，不怎么样，老师觉得这孩子没多大前途，可是做词语联想发现他的知识面很宽，思维很活跃，又很有逻辑，那你就可以预测，这孩子成绩将来能上去，他是个潜力股。这种学生重点点拨一下，他可能就上去了。再比如说，有的孩子，他现在成绩很好，三好生，优秀生，可是词语联想时，词语不丰富，思路不活跃，并不像你想的那么棒，那你要注意了，这孩子以后成绩可能下降。这种情况我做过很多预报，大部分都成功了。有的孩子，他词语联想里好几个地方都出现妈妈爸爸，这有两种可能，一种可能是他对这个家长非常依赖，另外一种可能是父母离婚了，他想爸爸或妈妈。这时候你就可以有针对性地给他做一下心理疏导。有的孩子词语联想里出现很多人际关系方面的词语，那有两种可能，一种可能是他特别重视人际关系，再一种可能是他的人际关系遇到了麻烦。你找他问问：你最近人际关系是不是有麻烦呀？他若告诉你，你就可以帮助他了。

总而言之，词语联想是一种相当好的侦察方式，就看你会不会用了。栀子花开老师说自己还不会用，我建议您可以这样，您分析几个学生的词语联想（最好是意料之外的），我来看一看，我们大家来看一看。这样，您会很快提高的。

yanghaijian：王老师您好！您说小赵"词语不算贫瘠，但是也说不上丰富，在思维方式上表现得不算特别灵活"。我一直搞不明白怎么判断一个学生的词语联想是否丰富，知识背景是否广阔，是指词语的种类写得是否多，涉及面广阔，词语数量多等？王老师能否具体说一下？谢谢！

词语联想，怎么算是内容丰富？知识背景怎么就算广阔？前提是要知道，这个学生所在年级的平均值。这个平均值要靠经验。比如这个学生是初二的，初二的学生，一般平均掌握多少类词汇，你大致上心里要有一个估计。这个东西很难量化，你见得多了，就知道这个年龄段这个年级的学生，大概词汇背景是怎么样了。然后你再看看这个被检测学生，他的情况如果比那个平均值高，那就是比较丰富的；比平均值低，那就是次一点儿的。这是一个参照系，一把衡量的尺子。

如果你已经有这把尺子了，下面就可以评判了。要不要看词语的数量？要看。我们一般要求领词后面写十个左右的词，如果他写得挺多，那有可能是他的词汇量比较大，脑子里装得多，往外冒。还有速度。这个只有在场的人能看得清。如果写得特别快，呈井喷状，那就证明他脑子里存的词语比较多，或者他提取速度快。

主要的还是下面这些。首先，涉及的领域。学生词语联想常常涉及大自然、家庭、社会、科学、人际关系、自我感觉，还有一些日常生活的用语等等。如果涉及的方面比较多，那就可以说丰富。我见过有的学生——中学生，写的词语，绝大部分都是网络上的游戏用语，涉及面相当窄，那个知识背景就很可疑了。

其次，看日常用语的比重。日常用语，就是咱们平常说的话。日常用语的比重要是比较大，那就证明这个学生词汇是不丰富的，他的知识背景可能就比较薄，日常用语在学业上用处不大。

再次，看书面语言比例。我们的语言中有口语和书面语，书面语言用的词汇跟口语是不一样的。比如口语叫妈妈、娘，书面语言就叫母亲。这种书面用语如果比较多，成语如果比较多，那一般说来，这个学生的知识背景是比较好的，词汇是比较丰富的。你会发现成绩比较差的学生，智力不算高的学生，他的词语联想里口语占了绝大多数，书面语言较少。这是一个鉴别标准。

还有就是抽象词汇。同是书面语言，有些是具体的，有些是抽象的。一般说来，如果他的词语联想里面很少抽象词语，那么他的词汇是不够丰富的，知识背景比较差。还有就是大词。所谓大词就是高度抽象的词，涉及面非常宽的词，比如说人性、战争、和平、物质、意识等，这些词汇叫大词。有没有大词，是一个学生的心胸和他的知识背景的重要表现。

最后一项就是词类。你会发现，学生的词语联想，一般名词比较多，而形容词、动词，还有其他的词汇较少。如果完全没有，那确实说不上丰富了。形容词多的孩子，比较倾向于文学，动词多的孩子，动感比较强，或者是外部动作，或者他内心动作比较多。

总而言之，当我们看一个学生词语联想的时候，我们既要深入到每一个领字，也要远观，鸟瞰一下，获得总印象。我现在因为时间和精力的关系，特别细致的一条一条的分析相对少一些，再说我经验也比较多，我主要靠远观，就是大致看完以后，就有初步印象，我大致判断一下。像杨海建老师说的这个学生，我就是这么判断的。

8. 直观感觉在教育诊疗中的运用

在问题生教育的研究中，主要靠的是科学思维，但是我们不能排斥边缘的、非科学的思维，比如直观感觉，只要不瞎迷信就成了。

在问题生教育的研究中，直观感觉的地位是什么呢？有老师认为是辅助的，我赞成这个意见。我还要补充一点意见。

我们现在常说的关于问题生的直观感觉，大多数只是老师的一种印象，最糟糕的是大多数都是人云亦云的，随口一说。我觉得这种直观感觉很难说是真正的直观感觉，或者说得严重点儿，这是伪直观感觉，就是你实际上没什么感觉，你就是乱说。比如现在网络上流行"爱能改变一切"，他一看这学生有问题，就说是缺乏关爱；社会正流行什么赏识教育，他就说这问题生缺乏赏识，你得找他的闪光点；社会上流行的说法是沟通了不得，沟通重要，他就说这个孩子的问题就是缺乏沟通；社会上流行陪伴说，网络上大谈陪伴的重要性，一遇到问题生，他就说这孩子缺乏家长陪伴。这些东西算直观感觉吗？我觉得算不上。这是所谓的贴标签，赶潮流，跟着哄。所以我们在问题生教育中，要分清哪些是教师真的直观感觉。

于是有老师就可能要问：王老师，真正的直观感觉什么样？真正的直观感觉，是独立自主的，不受社会风气左右。这孩子，我认为他就是这么回事，我说不出道理来，可我就这么认为。其看法可能跟当时流行的观点不一样。真正的直观感觉还有一个特点，就是比较坚定。人云亦云者我见得多了，你一反驳，他立刻就缩回去了，因为他根本就没认真想过，随时都可能放弃自己的意见。真正的直观感觉，他不轻易放弃，好像冥冥中有一个声音告诉他"就是这样"，他坚持这种感觉。

有人又要问了，直观感觉是从哪儿来的？直观感觉，好像每个人都有，或多或少而已。这种感受主要来源于经历和经验。比如我曾有某种经历，我一看他就跟我经历过的差不多，我就觉得是这么回事。或者来源于经验。当老师时间长了，经验多，遇事就感觉其气场啊，氛围啊，跟某个情况差不多，他就得这么一个直观感觉。

直观感觉不但来源于自身经历和他的经验，还有一个因素，天分。有些人，他真的天生比别人多一种感觉，所谓第六感。此事现在还没有研究清楚，但我觉得它是客观存在的。虽然我们不能夸大这个成分，但是我们得承认，有的人直感确实是很厉害的，别人学不来。经历性的直感、经验性的直感是可以解释得清楚的，是可以学习的，而天分性的直感，是目前无法解释清楚，别人也没法学习的。

在问题生教育的研究中，如何对待直观感觉？如果这个直观感觉是你自己的，你不要轻易放弃，但是你必须想办法找到证据支撑你的这个感觉，你得论证一下。因为咱们讲的是科学思维，科学思维是不以直观感觉为支撑的，直观感觉可以起一个抓手的作用，可以起一个导火索的作用，可以起个引领作用，但是它不能做承重支柱。你不能写一篇论文，全是直观感觉，那叫小说，不是科研论文。如果我们在个案诊疗时，出现一些人，他就坚持自己的直观感觉，又说不出道理，那怎么办呢？出现这种情况，一定要让人家保留自己的意见，不可以轻易批评："你都说不出证据，说不出道理，你什么感觉！"你要尊重，要思考他的意见，他也许有他的道理，要往后看一看。

我们在问题生教育的研究中，主要靠的是科学思维，但是我们不能排斥边缘的、非科学的思维，只要不瞎迷信就成了。这样的话，我们持一种慎重的、真正科学的和包容的态度，我们的研究才能够健康地发展。

9. 早期记忆采集要询问当事人的心态

早期记忆是人能记住的六岁以前的事情，哪个记得最清楚哪个最重要。学会分析早期记忆，这是心理分析，也是学生问诊的重要手段之一。

采集早期记忆应该注意询问当事者的感觉。比如后文案例 11 中，萌妈老师提的这个小贝，他的早期记忆是从一个小房间里面走出来，一个杂物间，就应该询问一下他当时是什么心情，这非常重要。早期记忆，他记住的什么事固然重要，但是当时他什么心情，比事件本身还要重要。

比如一个孩子，他的早期记忆是摔倒了。这件事本身说明什么问题呢？搞不清楚。你得问他摔倒时什么心情，什么感觉。比如说他是害怕，那他可能是缺乏安全感的一个人，也可能他是怕他爸爸妈妈说他，那他就可能是权威人格。若他摔倒觉得今儿倒霉，有这种心情，这孩子可能抗挫折能力比较差，甚至可能自卑。若他的感觉是，我看看我在哪儿摔的，下次不在这儿摔了，这就是一个学习能力很强的人，他善于总结经验教训。如果他摔了跟头以后，感觉挺好玩，那这个人可能是个乐观的人，有幽默感的人。如果他摔倒了以后，第一感觉是可别让人看见，多丢人啊，这就是一个好面子的人，或者会有一些虚荣心。你看，就这么一个跟头，就会出现如此多的情况。当然你不能仅依据这一则记忆就下一般性结论，还要跟其他记忆联系起来看。

　　总之你得问问他当时的感觉。还说小贝，他从小屋子里走出来，为什么要走出来？他怎么没说走进去呢？他是出于好奇，还是比较闲适的，还是有点害怕？这都是不同人格的表现。早期记忆是人能记住的六岁以前的事情，哪个记得最清楚哪个更重要。有的梦如果多年重复出现，其作用跟早期记忆是一样的，我们可以把它看成早期记忆。

10. 为什么要询问家长的文化水平和职业？

一个专业的班主任，对于学生家长的职业和文化水平应该是很敏感的，这是研究问题学生的基础背景资料。

思远道： 为什么诊断孩子的问题要问父母的文化水平和所从事的职业？

在原生家庭中，父母的文化程度是一种对孩子学习能力及文化意识有极大影响的不可见因素。父母的语言是一种不可见的教育资源，对幼小儿童的神经元链接能否变得丰富起决定性作用。美国有学者做过调查，一个脑力劳动者家庭的三岁孩子，在家庭中累积听到的词汇量要比接受福利救济的贫困家庭的同龄孩子听到的词汇多出 3000 万之多。孩子是父母的复印件，儿童的词汇有 95% 与父母是一样的。

因此要讨论孩子的问题，必须要关注家庭中父母的文化程度。这是孩子成长最重要的背景。

所以就有人提出这样的观点，父母好好学习孩子天天向上。它是有一定道理的。

思远道老师提出了一个问题，诊断孩子问题要询问父母的文化水平，这个很重要。我接触很多老师，当谈到学生问题的时候，你问他这家长什么文化水平，他茫然不知，他没有这个意识，没想到问问家长的文化水平。实际上这是个专业素质问题，教师作为专业人员，如果你想解决孩子的问题，不了解他家长的文化水平和职业，那你就缺乏一个很基础的材料。一般老师只注意家长离婚没离婚，父母管不管孩子，就注意这些。这是绝对不够的。事实和科学研究都证明，家长的文化水平，对于孩子后天的发展，都有相当高的参考价值，不可忽视。

了解了家长的职业，你可以知道家长处于什么阶层，属于什么地位，这是非常重要的，因为社会不同的阶层，价值观是有差别的，书本学习能力是不一样的。我们学校主要是学书本，看书本学习能力。现在是普及教育，每个家长都曾经是学生。家长的职业和文化水平是有联系的，学历高的人一般容易做白领，学历低的容易做蓝领，于是我们通过他家长的职业就可以大致估计出他爸妈当年的学习成绩如何，估计孩子得到了什么样的遗传基因，这对我们因材施教是有用的。

另外，不同的职业有不同的生活方式，这不同的生活方式，对孩子影响还是挺大的。比如说家长是做小买卖的，他起居就没什么规律，那孩子就可能卫生情况不太好，有时候睡觉就睡不好，早上起来就可能迟到。最适合孩子学习的家长职业是教师，有学习气氛，生活节奏对上学也最有利，所以教师的孩子学习差的比例是很小的，一般都学习成绩比较好。当然，教师也有教师的问题，教师的孩子容易出心理问题，因为教师多数人是比较死板的，生活经验少。

了解了家长的职业，我们在指导家庭教育的时候就有了针对性。比如说那家长他是研究生学历，你跟他谈话的时候就可以说点理念的东西，如果家长没什么文化，小学毕业，你跟他谈大道理可能就没有用，你应该跟他说这事如何如何做，讲操作性的东西，这他比较能接受，你跟他说道理，他会茫然的。所以各位老师，您在提供问题生案例的时候，一定要说明家长的职业和文化水平，这很重要。

有人马上就会提出反驳的意见：某某家长，大老粗，不识字，人家三个孩子都是博士。这种例子是有的，但是第一，这种情况占的比例据我所知是很小的。第二，这种情况一定是发生在比较贫穷的年代，那个家长他上不起学，没条件。如果那个家长能上学，成绩如何，你很难说，不能保证他就一定学不好，当然也不能保证他一定就学成博士。现在情况不同了，现在是普及教育，是义务教育，每个人都有上学的条件，在这种情况下，你家长后来的学历，就跟你的学习能力有很大关系了。所以如果我们发现有些学生学习成绩不好，或者小学还可以，到中学跟不上了，我们一定要查查他家长的学历。如果他家长的学历也低，而且是从事体力劳动的蓝领之类的，那么我们就可以有一个基本的假设，这个孩子学习潜力不见得很大。于是我们就得降低期望值，家长也要降低期望值，同时呢，我们要给他找别的出路。

不过我要特别指出的是，一个孩子，家长学历低，他的学习能力不强，成绩也不好，不等于他没前途。这点千万要想清楚。学习有广义的学习和狭义的学习，通常学校老师所指的学习能力，指的是在校学习能力，书本知识的学习能力，实际上人的学习能力是更宽阔的。广义的学习能力是，凡属能提高本人素质能力的任何活动都是学习。这种孩子他可能学习书本方面不在行，不是强项，但是他可能在其他的技艺上，或者在特长方面，会发展得非常好，甚至超过学习成绩好的孩子。有很多学习成绩不好的，后来做企业家也好，发展特长也好，风生水起的，倒是一些学习成绩好的孩子长大以后表现平平。这种情况很常见，所以我们对一个孩子的学校学习能力，可以做实事求是的估计，但是对他以后的发展，绝不要轻易做结论。

那我们讨论家长学历有什么意义呢？咱们学校是一个重点学习书本知识的地方，有些孩子，确实不擅长此事，老师必须实事求是地承认这一点，否则的话你就会逼他，家长也会逼的。经验告诉我们，这样往往适得其反，他反倒无法实现自我了。因为实现自我有很多途径，他不适合走这条路，你非逼他走这条路，结果是鸡飞蛋打，他特长也发挥不了，还特别自卑，这就有可能把孩子前途给毁了。所以思远道老师提出的这个问题很重要。各位老师，一个专业的班主任，对于学生家长的职业和文化水平应该是很敏感的，这是基础的背景资料，请大家予以注意。

11. 个案诊疗不要对家庭教育期望值太高

　　对家长抱有不切实际的幻想和过高的期望，实际上就是甩锅。把教育责任推给家长，这不是真正教育者应有的态度。

　　现在很流行一种看法，就是家长重要，家庭教育极其重要。你想让孩子成为什么样的人，你自己先要成为什么样的人，你做榜样；你要想改造孩子，你先改造自己。这话对不对呢？你不能说错。但推敲起来，我们这些真正搞教育的人会感觉到这些话，其实经常会沦为正确的空话。我来说说道理。

　　老师们都有这个经验——其实有点社会经验的都能明白，教育成人比教育孩子要难得多。孩子你都教育不过来，你教育他爸他妈，逻辑上说得通吗？所以我觉得现在有些教育者对家长抱有不切实际的幻想和过高的期望。实际上他就是甩锅，把教育责任推给家长，我就轻松了。这不是真正教育者应有的态度。另外，改造自己比改造别人当然要难受了，有多少人愿意改造自己？你让家长改造自己，你想想看，这难度多大？还有一条就是这孩子已经长大了，进青春期了，你让他家长改造家庭教育，来得及吗？这种想法在小学还有点意思，孩子上了中学，就差不多成空话了。

真实的情况是什么呢？正因为他家长有毛病，家长不大合格，家长没做好榜样，才需要我们学校来做一定的调整和补救。这才是常态。如果家长都做得挺好，那孩子太好教育了，家长特优秀，人家孩子根本不用你费心。学生能都这样吗？不可能。所以我们当老师的就应该明白，我们的主要精力，注定是要去教育那些家长有毛病的孩子。我们先教育孩子，能教育多少是多少，然后，他的家长能变多少，哪个地方能变，我就做点儿工作。这才是真实的教育情景。

家长什么阶层都有，三教九流的。我们要有我们自己的专业尊严，我们是内行，内行就说内行话，别人的忽悠是不能听的。真实的情况就是我上面说的那样，我们老师一定要准备面对那些不优秀的家长教育出来的不优秀的孩子，我们必须使他们有所提高。至于那些不优秀的家长，有毛病的家长，甚至很不好的家长，我们能帮他多少是多少。这是真实的教育情景，你不要听人瞎嚷嚷。

问题生教育更是这样。很简单的道理：家长如果没问题，孩子能成问题生吗？逻辑上说不通。你想把他家长变得不是问题家长，你能吗？也不是说绝对不能，但成功率是很低的。所以我们重点应该放在教育学生上，至于他的家长，我说了，能指望多少就指望多少，能帮他多少就帮多少。我希望当老师的都有这种比较清醒的正确的态度，不要跟着社会的风气瞎跑。

12. 屡教不改，必有文章

　　一个学生的某个问题，如果你怎么教育他都不改，那一定有文章在里面。要教育好他，必须弄清背后的真正原因，不清楚的事情，不要蛮干。

　　没有调查就没有发言权，这个非常重要。现在很多老师，据我观察，他说的话绝大部分都是没有经过调查的，就是凭自己的印象，或者他认为学生就在我眼前，还用我调查什么呀。这种想法是不正确的。可是话又说回来，教师作为一个领导者，管理者，他经常跟学生说话，这些话要做到每句都是经过调查的，那不太现实。从一定意义上说，当老师的在没有调查的情况下说话，是难免的，甚至可以说，这是一种常态。于是我们就要研究一下，我没调查，我还得发言，我怎么发言。

　　我给大家提个建议，除了一般的管理性语言，告诉学生你别这么做之外，要采取询问的姿态。比如小翔的案例，他喜欢往女生堆里扎，跟男生关系不好，这是一种现象。我可以私下询问他。注意不要公开说，因为有面子问题。我问他："我发现你喜欢跟女同学在一块玩，能告诉我什么原因吗？"这也是发言，但是这次发言实际是调查型的发言。对于老师自己所不满意的问题，要尽量避免张嘴就批评，就评价，就往品德方面拉。一定要避免这种情况。第一句话不要说错，不要采取对抗性的姿态。

第二个问题就是请大家一定要注意，如果一个老师死心眼地跟学生的秉性对着干，后果很不好。比如这个小翔，我们从他的早期记忆看到，他的秉性是喜欢跟同龄的女孩子在一起。中国有句俗话叫"江山易改，本性难移"。秉性一辈子是不变的，他将来长大也是这样子。有人问我，这秉性哪儿来的？一、来源于遗传；二、来源于六岁以前受到的影响。遗传与影响互动，就形成了人的秉性。一旦形成，这叫性格大框架，一般是一辈子不变的，除非受到特殊的刺激。当老师的，千万不要跟学生的秉性作对。

比如小翔这样的孩子，他喜欢跟女生在一块，你看着不顺眼，你很生气，就跟他对着干，会出现什么结果呢？如果教师非常强势，或者是得过奖状，属于优秀教师，特别自信，那就可能出现两种极端的效果。一种是，这孩子跟你拼了。他不知道自己的秉性，他是不自觉的，是被某种本能驱动的，你要老跟他这么干，他又变不了，就会觉得这老师就是成心跟我作对，就是跟我过不去，只好跟你拼了。这是很危险的，有很多师生之间的暴力都是这么造成的。另一些老实孩子，胆小的，你说他就很惭愧，没脸，往回缩。但是没脸归没脸，他发现自己还是改不了，他就不停地责备自己，这叫自我攻击。时间长了以后就会造成自闭呀，抑郁呀，甚至于自残，自杀。所以，绝不可以跟孩子的秉性没完没了，这个你只能引导。但引导的前提是你得知道他是什么，你才知道往哪儿引。

如果你判断不了这是不是他的秉性，那怎么办呢？那你就谨慎点。

我不攻击他，我可以私下里劝一劝，因为他对班集体没有大的影响，你可以宽容他，千万不要蛮干，那是很冒险的。像某老师当众说这个小翔，你怎么老跟女生在一块儿！偶尔说一下还问题不大，如果经常这么说，这是非常冒险的，可能要出事的。我们都有这种人生经验，我们小时候，有一个人说我一句话，我记他一辈子，我记仇，我永远不忘。我们当老师以后，发现有些学生非常奇怪，我当时并不太在意，随便说了学生一句，你怎么这么记仇啊！他就恨你一辈子。这种情况，按我的人生经验，恐怕就是你正好碰到了他的秉性，他性格的核心部分了。你说这句话，实际上是碰到他的无法改变的秉性了，他就恨死你了。所以我们当老师的，说话一定要谨慎。我发现有些老师说话太随便。你是教育者，你是专业人员，专业人员不可以随便说话的，这是工作，不是聊天。你张嘴就来，过20年以后，你会发现有些话你绝不可以说的，你会后悔的，因为有些孩子真记仇。这不一定是他人品不好，是你正好碰到他那秉性了，他没法不记住。秉性是特别强大的东西，他不自觉地就记下来了。

请大家记住我一句话：屡教不改，必有文章。一个学生的问题，你怎么教育他都不改，那一定有文章在里面，你可能不清楚，不清楚的事情，不要蛮干。

13. 怎样了解幼儿和儿童

幼儿园和小学低年级的孩子，要侧重观察他的行为。但是孩子太小，思维和习惯等尚未成型，分析的结论不宜说死。

低年级的孩子，怎么去了解他？我觉得可能主要还得靠观察他的行为，而不是用心理测验的方式。心理测验的方式可以用，主要还是靠观察他的行为。

观察什么呢？幼儿园的孩子，小学一、二、三、四年级的孩子，看他对什么感兴趣。比如他喜欢看什么样的电视节目，平常出门也好，在学校也好，他都记住了什么。出去一趟，上商店或者去旅游，回来以后问问他，你都记住了什么，他不会乱记的，他记得最清楚的事，一般都跟他的思维方式和他的人格有关，其他就不怎么记。爱跟什么人打交道，对什么人有兴趣，喜欢什么人，不喜欢什么人，这都很重要。还有你要注意他是对颜色敏感，是对声音敏感，对人的相貌敏感，对事物的结构敏感，还是对事物的位置敏感。我曾经指导过一个上海的小孩，他爸爸到北京来找我。那个孩子是个小天才。他就对路线特别敏感，七八岁就能把全国铁路网背下来，你说从哪儿到哪儿，他就告诉你怎么买票。

观察孩子，可稍微做点记录，重复出现的行为可能就是他的特点。你要注意他跟别的孩子不一样的地方。比如说人家都害怕的事，他不怕；人家都不害怕的事，他怕；人家都激动了，他无动于衷。你不要认为这是缺点，不一定，这可能是特点。人家都没什么反应的事情，他反应很激烈；人家都没兴趣的事，他感兴趣。这些行为，若反复出现，就可以分析他大概是一个什么样的孩子。

我观察过我的孙子，因为从小就是我带他。我发现他两三岁就对数字特别敏感，大街上楼房有的数字，他就念出来。他对机械也敏感，一个压路机呀，墙上有一个什么盒子，里面有什么变压器之类，他就凑过去看。这种事，家长千万不要阻拦，只要没有危险，你让他看。你别说："这有什么可看的!"这是很外行的话，完全不懂教育的人，才这么说话。我常常给他一张纸，让他随便画，这叫涂鸦，涂鸦是一种心理测验。我发现他画的永远是路线。好多公路，铁路，有汽车有火车，有站牌，很少出现人，有人也只是个轮廓。到现在，他已经上二年级了，还是这样，喜欢画各种弯弯曲曲的铁路线。他现在也写作文，我看了看，比较干巴，没有文学色彩。什么抒情啊，风花雪月呀，都没有，但是逻辑很清楚，不乱。我跟他爸爸妈妈讨论过，我说这个孩子将来可能是理科男。当然这只是初步印象。有了这个估计，你就可以因材施教，多提供一些机会，比如参观科学博物馆呀，看科学展览呀，他就可能发展得比较好，因为符合他的本性。

总之幼儿园和小学低年级的孩子，我主张侧重观察他的行为。老师也可以引导家长观察，反馈给老师，大家一起分析。注意结论不要说死，因为小孩太小，还有变化，但是大致的方向往往是可以看出来的。所谓七岁看小，八岁看老，这话是有一定道理的。

14. 低幼儿童的教育诊疗

孩子自愿发出的任何信息，都可以作为诊疗的材料，但我们千万别故意引导，干扰越少越好。

屈老师：半夜睡不着，在思考幼儿园中班至二年级以下学生如何进行教育诊疗。初步思路是让孩子画画，可以画风景画，画全家福，画社会活动场景画等，从中看看能否发现学生的行为习惯、情感态度等方面的发展状态。王老师的教育诊疗一书，主要讲小学高年级至中学阶段的教育诊疗，幼儿园中班至低年级阶段基本未涉及。去年暑假我儿子刚上完二年级，我采集他的词语联想和早期记忆进行过分析，这种方法不适合绝大多数二年级以下学生，所以改为以画画为主。我儿子一年级以前对画画很有兴趣，有空就在家画，画得最多的是风景画，画得还很和谐，喜欢美丽自然风景的，说明心态乐观，热爱自然。还喜欢画包含汽车、道路、交通指示灯、楼房的社会画，汽车在路上非常有秩序，这说明孩子规则意识较强，在学校就表现为遵守纪律，这些与孩子的性格是非常吻合的。就不知是否具有普遍适用性，打算找个一年级的班试一下。

二年级以下孩子每年变化较大，应当每年采集他画的画分析一下，看有什么变化没有。画的内容可指定某一方面，如画风景或别的，这方便分析学生某方面的状况。也可不指定，让学生随意画，可看出学生某些方面的特别之处。个人偏向两种画结合，如要求画一幅全家福，另外随意画一两幅。

打算中班、大班、一年级各找一个班尝试一下。

另外，一年级学生也可以尝试采集词语联想，看看智力发育、课外阅读、知识积累情况如何。不过需要家长配合，让孩子口头说，家长写。因为一个班几十人，孩子会写的字不多，全指望老师是不可能的。事前需跟家长学生讲明规则。学生不查阅资料，家长不提示。

这个话题我觉得挺好的。小学四年级之前，包括幼儿园，也是可以进行教育诊疗的。当然这个阶段我们一般不称之为问题生，但是我们可以解决他们的一些问题，或者是发现他们的一些倾向。用什么办法呢？除了日常的言行观察之外，小学五年级往上到中学生，我们一般用早期记忆和词语联想，还有解梦。四年级以下的孩子词语联想不怎么用得上，因为他会写的词语很少，屈老师想出一个主意，就是让孩子说我来写，这也行。这一试，你可以知道这个孩子脑袋里都装了哪些词语，他的知识背景，还有思维方式，都可以有些了解。我觉得主要方法是画画。一般我们常画的是一棵果树。我们不要求画五项图，因为这稍微难了点。五项图，就是一座房子，一棵树，一本书，你自己，还有另外一个对你最重要的人，共五项。孩子太小，五项图不太合适，我们一般就画一棵果树，或者是画全家福。屈老师说，可以随便画，我觉得这也行。

总而言之，大家要注意，孩子自愿发出的任何信息，都可以作为诊疗的材料。比如说梦啊，他自言自语说的事儿啊，聊天时说的话啊，作文啊。有些自由作文，也能看出孩子很多的问题和他的想法，海蓝蓝老师特别善于用这办法，让学生自由作文，能起到心理测验的作用。沙盘游戏也是可以的。关于心理测验，大家不要神秘化，不要以为只有一种方法，甚至你带孩子出去玩儿一趟，什么也不说，回来以后问他记住了什么，这都是心理测验，因为不同的人在同样的地点，会看到不同的东西。看一本书或听一个故事，完了以后问，你记得最清楚的是谁呀？这也是一种心理测验，因为同样一本书，不同的人会看出不同的东西来，那就跟他的心理结构有关。不要死心眼儿。目前我们的案例里面四年级以下的材料不多，如果各位要提供四年级以下的案例，请您提供一些画，我们来分析一下。这是非常有趣的。

当我们让低幼的儿童画画的时候，千万不要加引导和诱导，画什么，不画什么。我们只给一个框架，一个题目，剩下的完全由他自己来，大还是小，用不用颜色，千万不要你给他拍板，让他自己选。有的孩子喜欢用浓墨重彩，幼儿一般都喜欢这样，但是也有的孩子就不，他喜欢比较淡的颜色，有的根本不喜欢颜色。这就反映他们不同的性格。有的家长和老师指导孩子：你这么画就好看了。千万不要这种指导，那不是为了画得漂亮的，而是为了反映他的心态的，越真实越好，越少干扰越好。他越随意，越无意识越好。有的孩子可能会把纸画得很满，填得满满当当，有的孩子可能就画在一个小角落，有的明明是正的，他非得画歪了，这些你千万不要管。这都很重要，一棵树画得很直，画得很歪，这是两种不同的心态和心理结构。要纯天然，要特别自然，一定要注意这点，否则就会失真。

下 篇

案例讨论

我在前言说过，从教育诊疗角度，可以把学生分成四类。 第一类，健康者，这种学生没有大问题。 第二类，有问题的学生，但还不属于问题生。 第三类是问题生。 第四类，没有什么问题，但他想诊疗，类似体检。 其实这第四类与第一类是同一类，只不过第四类学生是想做体检而已。

　　下面的 11 个案例。 小学 3 个，中学 8 个。 其中只有 7 个可以算问题生，另外 4 个，属于有问题的学生或体检型的正常学生，具体情况我在讨论案例的时候均有说明。 这些案例的讨论都是在"王晓春问题生教育研究组"的微信群里进行的。 有些发言者之前是受过个案诊疗培训的，发言比较正规，比较全面，有些是没有经过培训的，发言就随意一些，散一些，但诊疗方式差不多。 请注意，这种诊疗是没有标准答案的，我一般最后发言，有总结的性质，但并不是一锤定音。 再说，诊疗正确与否，检验的标准只能是实践，而这是需要至少一段时间才能看清的。 所以我希望读者阅读这些案例时，重点最好放在体察思路上，就是说最好侧重看看讨论的参与者们（包括我）每人是怎样思考的，各自思路有何特点，有何不同。 我们的讨论在一定意义上可以说是一种思维训练，讨论过程比结论更重要。 读者看这些案例，把阅读过程当作思维训练过程，那是最好的。

案例1：爱打人的小轩

💗案例回放

予诺：很多老师都喜欢做大孩子的个案诊疗，而我一直喜欢做低龄孩子的个案，因为我觉得年纪小的孩子可干预性比较强，并且，他们转变后，会将反馈用一种显性的方式呈现在你面前，给你带来的那种喜悦，是无以言表的。

小轩，男，8岁，二年级。

☁ 典型表现，有关典型事件及家庭情况

（1）排队时，只要有同学碰到他，他总要大喊着，然后打回去。

（2）课堂上，常常会和周围同学争执，关系紧张，小朋友都不愿意和他同桌，说他会打人。（只要安排新的同桌，同桌家长没几天就会打电话来，说孩子受到小轩的欺负）屡次批评教育，都没有用，还一副很抗拒的表情，（甚至还会对着老师翻白眼）气势汹汹的样子。

（3）课间常有其他同学来告状，说他又打人了。课间在教室或者走廊奔跑时嘴里还喊着：杀……打死你……

（4）刚入学时，凡是课堂要写的作业都不完成，就是不写，放学后把他留下来，很快就完成了。怕被留校。学校羽毛球运动员选到他，他谎称没被选中，要按时放学回家，不愿留在学校里。

父亲职业：现在是做医疗，之前是军人，大概孩子二三岁的时候部队转业。

母亲：全职妈妈，今年生了一个小妹妹。

家庭结构：四口之家，爸爸、妈妈、小轩，今年多了妹妹。

6岁前：妈妈抚养。（妈妈说自己算是个急性子）

🌥 学生小时候是否曾经有过特殊的创伤经历？如果有，是怎样的经历？

孩子自述：听妈妈说，我小的时候被大蜈蚣咬过，蜈蚣有毒，我差点儿就被毒死了，后来是因为吃了很多营养品才好的。所以，我特别怕蜈蚣。（后来和小轩妈妈的谈话中，了解到是在幼儿园被蜜蜂叮咬到。）

🌥 学生各方面的表现，班主任、各科教师、家长亲人及同学对他的评价

数学老师评价：暴躁、有攻击性、喜欢大喊大叫、容易着急、爱发脾气。

语文老师评价：对任何事情任何人都有敌对心理，不友好，并有一定的攻击性。有些任性。协调能力不是太好，字写得不是很规范，控制不了自己的情绪，主要表现为拍桌子等等。

爸爸评价：无。（由于孩子经常表现不好，常被老师传唤，父亲对老师稍有敌对情绪）

妈妈评价：和儿子交流，感觉他像个小大人，性子急，不容易控

制自己，动不动发脾气。由于小时候一个人带孩子，孩子要什么就给什么，几乎没有拒绝过孩子的要求。

早期记忆（因为孩子比较小，没有做词语联想）

（1）当年，在面馆吃面的时候被狗咬了。（经询问得知：6岁的时候，是逗狗玩的，咬到了手，当时想把狗杀掉，没有哭。）

（2）好朋友的哥哥会打我。

（3）（孩子主动说）6岁的时候，爸爸、妈妈带我去游乐园、水上乐园、马戏团玩。那个时候小妹妹快出生了。

（4）三岁，最怕放鞭炮，太响了，被吓到了。还怕打雷。

梦境描述

（我问孩子有做过什么梦么？他回答我，都是噩梦。然后孩子和我讲了下面这个梦。）

在梦里，我拿着一个神器（一种高级武器），很帅气、很好看，还背着一把狙击枪，是黄金做的，我扔了一个手榴弹，起了很多烟雾，打一个怪物。

（我又接着问你还有什么其他梦么，都是类似打僵尸呀，打怪物呀，坦克大战之类的梦，并且说得停不下，手舞足蹈。我问他，你觉得害怕么？他说不，我觉得很刺激。）

五项图和全家福

即让学生把一棵树、一栋房子、一本书、你自己和另一个你最想画的人这五项内容，画在一张纸上，任意组合。

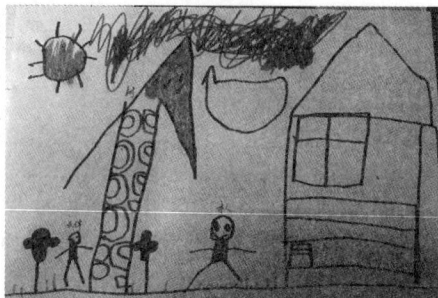

打算做哪方面的诊断？打算解决什么问题？

学会控制情绪，不随意打其他同学，并能和同学友好相处。

诊疗报告

一、诊疗对象

小轩，8岁，二年级。

二、主要问题

会无缘无故地攻击其他同学，教师屡次批评教育，效果甚微，还一副很抗拒的表情，（甚至还会对着老师翻白眼）一副气势汹汹的样子。

三、小轩是怎样的孩子

情绪容易激动，有一定攻击性（并且，可能是常人看来无端的攻击），会大喊大叫，有些固执。有学习能力，记忆力很好，但学习上有些懒惰，拈轻怕重。

四、问题原因分析

1. 假想敌太多，主动攻击，出于自我保护。

小轩一共提供了四条"早期记忆"，其中有三条都是负面的，被狗咬、被人打、被吓到，自己都是受害者，小轩可能有了习惯性的防御心理，总觉得周围的人要伤害他，把所有的人都当成"假想敌"，把同学甚至老师当成自己的敌人。这一点在孩子做联想词"军人"的时候也得到验证，他说"眼里有敌人，肩上有责任"中，"敌人"这个词再次被他提及，再一次验证了小轩眼中的"假想敌"太多。同时，在小轩的梦境描述中，不是打怪兽，就是打僵尸，我原本以为是孩子们都觉得恐怖的噩梦，可是经过询问，他根本不害怕，反而觉得很刺激。在他的梦境里，自己是以胜利者的形象出现，很神气、很好看，进一步说明小轩有一定攻击性，并且是主动攻击别人，平时打人，梦里打怪兽。他的梦，追求一种优越感，别人都是刀，而他用的枪，有种想占上风的想法。综合上面种种分析，我觉得小轩爱打人、主动攻击，并不是他想欺负谁，而是他在自我保护。有点儿像河豚，先把自己吹膨胀起来，吓唬假想敌人。别人一个没有恶意的做法，在他看来，也许就构成了有意攻击，或者说就被他假想成了别人要来伤害到他，那么他就要先保护自己，就先下手为强。

2. 情绪不稳定，源于对外界环境的不安。

小轩刚入学，周围的新环境、新同学、新老师等等，可能都让他感觉到恐慌。所以，警惕性就会格外高，在我们看来一个很平常的触碰或者眼神，都会让他觉得自身的利益可能要受到侵害，所以就会突然地喊叫起来。早期记忆中，提到打雷都会感觉到害怕，说明小轩本身胆子不是特别大，并且，他觉得声音响，很可怕，在他看来，声音响是可以吓唬别人的。所以，他的大喊大叫、拍桌子等等弄出响声的种种行为，都是为了保护自己。

3. 家长性格对小轩的影响。

与小轩母亲交谈，她说自己是个"急性子"。与父母的接触中，确实发现小轩的父母都有些缺乏耐心，脾气也有些急躁。

4. 幼年成长时期，父亲的缺位。

小轩幼年时期，由于父亲还没有转业，母亲的教育方式可能也比较简单，要不就是一味地满足孩子的需求，要不就是吓唬，造成小轩一直对外界环境有不安全感。

5. 教师不当的简单管教行为，造成小轩屡教屡犯。

当打人事件或者违反课堂常规事件发生后，教师一味地批评小轩，要求向受害者道歉，并没有找到病根，所以，不久小轩又会重犯类似的错误，并且反反复复。甚至，小轩对教师也有了敌对心理。

五、可以考虑的治疗方向方法

1. 家庭方面

和其母亲交流，不准孩子再玩带有暴力场面的游戏，看电视也要注意，尽量让孩子少看打仗、僵尸、带有血腥场面的相关内容。在家里要多交流阳光向上的内容，多带孩子参与积极向上的户外活动。并且建议，爸爸也要多和孩子交流，让孩子切实感受到父爱。

2. 学校方面

再遇到小轩攻击同学的事情，先询问他事情的原委，与被打的同学一同询问。因为根据研究可以判断，多数情况可能是小轩误解了同学的眼神、动作或者是身体接触才出手打人的。让被打孩子告诉小轩，自己并没有想欺负小轩的想法，只是不小心碰了他一下，或者有什么误会。老师在其中的作用是协助那个同学把事情的经过讲清楚，让小轩明白是自己过于敏感了，太冲动，没有控制好自己的情绪。小轩这个孩子虽然爱动手打人，但是他还是很通情达理的，只要他认识到自己误会了对方，做了错事时，一般都会主动跟对方道歉。因此，我认为解决他和同学之间的矛盾并不困难。

如果发现小轩在学校喊"打""杀"，诸如此类的词语，要找其谈话，告诉孩子，学校是一个集体，班级的小朋友就和家人一样，要相互友爱，学校里面没有敌人，只有同学，让孩子从认知层面有所纠正。

☁ 效果反馈

第二次画的五项图和全家福：

一段时间以来，小轩在学校的情绪比较稳定，很少大喊大叫，课间和同学的聊天话题也丰富起来，打打杀杀的词语也明显减少了。有一次旁边的女生一道题不会，他还主动教她。

有一天放学前，我说给一部分最近表现比较好的孩子发礼物。最后，我提到小轩最近表现也不错，课间能静心坐在桌位前看书，没有打闹，也发了个礼物给他。就在我宣布整队的时候，这小子，竟然跑到我面前，把今天美术课上的折纸当礼物送给了我，说是送给我的礼物。

近期，我还让小轩再次画了"全家福"和"五项图"。

这幅全家福，和当初那张犹如坦克大战般的全家福，在整体气氛上，有了天壤之别。原来的全家福明显画面凌乱，充满着躁动的气氛，从这幅画全家气氛温馨、宁静、欢快的画面中，妈妈嘴角上扬的微笑，小轩旁边还乖巧地蹲着一只小白兔，可以看出孩子的性格在慢慢地转变。

比起原来那幅五项图，这幅图上的"尖角"明显少了许多，几乎找不到尖角，之前的图上很多带有"尖角"的事物，特别是树，原来那棵树上长满了"树结"，说明孩子心里有伤痛，现在这棵树上一个都没有了，原来的树干是平行的，说明孩子比较固执，现在树干也协调多了。更让我高兴的是：小轩手上拿着书，表情也很好。我问小轩："你拿的什么书？"他告诉我是《童话故事》。我问他童话故事有趣么？他说童话故事很有趣，再也不和我聊打打杀杀的话题了。本来我以为树上的绿色是果实，小轩告诉我，那个绿色的是叶子，并且特别告诉我是新长出来的叶子，这也预示着他心里有了新的辨别是非的标准了吧。

在完稿前，我突然想到个问题，小轩的这种行为，是不是就只局限于他刚入小学这个阶段呢？如果真的是这样的话，那么以后，他再到一个新的环境中，是不是会出现同样的"应激反应"呢？（我得找个机会，给他换个集体，试试看看。）

王晓春：予诺老师判断，这个小轩爱打人，是一种防卫心态，周围假想敌太多。这个判断对不对呢？我基本赞成。什么理由呢？小孩打人，小学生暴力，多数是出于两个目的，一个是自我防卫，一个是欺负人，就是称霸。这个小轩不像是后者，我们看材料里面说他容易承认错误，好像还比较诚恳，而且愿意改正，不像是称霸的姿态。

我想问的是他的不安全感，他的防卫心态，从何而来？可能是天生的，但是天生的这事儿，这么大的孩子，不好判断。比如他已经到初中了，还是这种心态，那天生的成分可能就稍多一些，他现在还小，有可能像予诺老师说的，过两年就不这样了，那就证明天生的成分是很小的。所以我们侧重说后天的成分。

后天怎么来的不安全感和防卫心态呢？

一个可能来源于家庭。这又有两种可能，一种可能是家长比较暴力，或者是比较凶，比较急，孩子在不安全的环境中长大，形成了不安全感。第二种，家长整天制造紧张气氛，吓唬孩子。哎哟，这可危险，那可危险，孩子不安全感也会增加。隔辈人带孩子，容易犯这种错误，因为老人都胆小，他的姿态永远是防御性的。这位母亲犯没犯过这两种错误，请予诺老师再调查一下。我这儿有一个证据就是小轩画的全家福（第二次画的）里，母亲画得比别人都大都高，颜色也涂得跟别人都不一样，明显的家里一把手的范儿。母亲还是全职妈妈，所以这个母亲对孩子影响可能会比较大的。建议予诺老师跟这位母亲谈一谈，了解一下情况。

这个小轩不安全感的第二个原因可能来源于哪儿呢？也可能来源于幼儿园。我是怎么想到这一点的呢？我有一个证据，这孩子不爱在学校待着。他是比较喜欢动的，可是让他加入运动队，他不干，可见他对学校这种公共环境害怕。那么比较合理的解释就是他在幼儿园可能受过挫折。幼儿园的老师是不是有些做得过分的地方？孤立过孩子？那样孩子就会缺乏安全感。

第三个原因就是我猜测的了，目前我没有什么证据。是不是这个孩子有语言障碍，他遇事不善于用语言表达自己的意思，于是用手。有没有这种可能，这是凭经验。也稍微有一点儿证据，就是他画的五项图，里面有两个小朋友，一般都画一个，他画俩，一个是本地的，还有个外地的。说明他很有交朋友的愿望，但是他实际上没交到多少朋友，同学都躲着他，说明他可能有语言问题，不善于跟人交流，有社会化障碍。全职妈妈容易犯这种错误，包办太多，这孩子就不会和人交往。有语言障碍的孩子，如果是外向的，比较猛的话，他就会用暴力的。

　　如果我们把这几个原因找到了。那应对起来应该不太困难。予诺老师现在做得挺好，这孩子很有进步。我觉得这不能算是问题生，就算是有问题的学生吧。

　　这里我们总结一个经验，就是你做任何结论的时候必须有依据。你看刚才我说的都有根据。我这个根据可能是不全的，也可能是错的，但是起码我不是凭空乱说。

　　一般说来，小学1—4年级的学生，即使问题比较严重，我也主张不称之为问题生，年龄太小。所以这个小轩，只能说是个有问题的学生。

　　予诺：刚听了您的点评。我先简单回答一下那三个问题。1. 其母亲确实是个急性子，由于孩子很小的时候，父亲不在家，教育孩子的方式可能存在吓唬。2. 幼儿园是不是有过不太好的经历，我等会儿去问。3. 这孩子不存在语言障碍，十分能讲，还一套一套的，我和他聊天，他都像个小能人似的，讲给我听。但和小朋友的交往方式，可能确实存在问题，但是，不在语言这块，是方式方法不对。

案例2：家长管不了的浩浩

这个案例的写作方式，与前面予诺老师的写法不同，比较随意，没有用规范格式，也没有心理测验材料。我觉得这不是大问题，问题的关键不在于格式，而在于真实地介绍学生情况，只要能提供必要的材料，就可以进行诊断。有些情况若不清楚，参加讨论的老师还可以询问。心理测验材料很重要，也很有用，有比没有强，但也不是绝对的，有些案例，即使不进行心理测验，也可以诊疗。

案例回放

唐朝米洛永远的： 王老师，您好。我是农村学校的，我们班有一个学生，我暂时叫他浩浩吧，今年开学就四年级了。他学习很好，反应灵敏，但品行不好，他不会用恰当的方式和其他同学交往。比如语文老师让他当小组长督促其他同学写作业，他会采用打同学、骂同学、掐同学等方式，经常将同学弄哭。他还喜欢欺负低年级小同学。他从小爸爸妈妈离婚，家里人都很惯他，随爷爷奶奶生活。

他也没有形成一个好的学习习惯，想学时就特别用心，不想学了，就会趴在桌子上。常出现头天熬夜，第二天上课没精神的状况。曾与他爷爷奶奶交流，他奶奶就说管不了，让老师替他们管。我们说在学校可以，但回家真不行，家长经常用老师吓唬孩子。

父母离婚，这孩子跟了父亲，但是父亲经常在外面干活，不常回家。他想学习的时候上课能够认真听讲，认真完成作业，积极回答问题，不想学习的时候就状态不好，懒懒散散。这个孩子喜欢数学，其他科目也挺好的。不喜欢的科目我不清楚。

品行问题，比如他打女同学耳光，还有一次把一个男同学的脖子抓伤了，导致家长找来。早晨起来他不刷牙洗脸，个人卫生很不好。有同学向我反映他蛮横，不顾别人的感受。他有时候和低年级的小朋友玩，经常破坏小同学的东西，或者是打小同学。同学们对他学习很佩服，但经常也告他状。一部分同学喜欢他，一部分讨厌他。他经常往我们想不到的地方想问题。但有时候也能给出好建议，其他孩子就想不到。

他有好朋友，和一个体育生关系处得可以。再多的我也没有太注意。他熬夜看电视、玩手机、打游戏。第二天来了学校，眼睛也睁不开，打瞌睡。但家长管不住。

他抓人这件事是两个人在宿舍睡觉，另一个同学和他玩，玩恼了就发生了争执。抓同学的事，他没有辩解，承认自己错了。打同学，是因为同学不认真完成作业。他认为自己是好心，但同学（学习不好的同学）不能按他的标准做，他是方式方法不对。他对同学的方式很粗鲁、暴力。

他的成绩也在下滑，本来是名列前茅的学生，现在都退居中等了，语数英都一起下滑。因为熬夜我和家长沟通过，不管用，还有洗漱问题，也一点不管用。

他是跑校生，不住校。我觉得他的习惯影响到学习了。

案例讨论

晨曦：对于浩浩的初步看法：

1. 教师对孩子的认识问题，孩子品德应该没什么大问题，他只是家庭教育失败的受害者，教师应该以一种怜悯的心态去尽量帮助他。

2. 我觉得除了调查一下孩子是否受了某个大人的行为习惯的影响，教师也许还可以这样处理。

第一，找一个孩子最喜欢最信任的教师，例如数学老师，手把手地教导他该如何跟同学相处，该如何跟别人正确地表达自己的想法。然后教师和他约定，如果三天内做到没有学生投诉就给他怎样的奖励，一个星期、两个星期做到了又给予怎样的奖。如此操作，也许可以让他学会和别人如何相处。

第二，看看能否说服家长让孩子住校。孩子现在的习惯问题如果能得到教师的全方位管理，他的很多问题，例如熬夜也许就能得到改善，进而学习问题也能得到解决。

唐朝米洛永远的：谢谢您的建议。孩子现在自己不愿意住校，家长特别希望孩子住校。我觉得第一条可以，第二条我再和家长协商。

家长把孩子送学校，我觉得可以暂时解决这个问题，但回家孩子就不行了。我们班的好多孩子都是这样的。在学校表现很好，在家就不行了。

晨曦：您说孩子和一个体育生很好，您那里小学也有体育生？那个体育生表现如何？

您说班上有部分学生喜欢他，他们喜欢的理由是什么？他们都是怎样的学生？讨厌他的那些又是怎样的学生？为什么讨厌他？

唐朝米洛永远的：我们这里每年县里举行运动会，我们学校会从每个年级每个班级选一些有这方面特长的孩子进行阶段性训练。

体育生学习跟不上。行为习惯有体育生的特点。这个体育生喜欢和高年级的体育生在一起玩，和我们班孩子不太合得来。

喜欢他的多是男孩子，他们玩得来。这些孩子都比较调皮。

讨厌他的多是班级里的女孩子和学习不好的男孩子。女孩子讨厌他是因为他总是用不友好的方式对待她们。男孩子是因为浩浩对他们严厉，经常惩罚他们。

夸克：这个孩子，我主张从三个方面进行矫正。

1. 找到他错误行为模式的源头，一般是家里有大人用这种错误模式对他，要大人和小孩一起做出改变。

2. 班主任和关系好的科任老师介入，一般来说，女教师会好一些。这个孩子的这些行为，从心理学的角度看是凸显自己的重要感，因为和父母联结都不好，尤其和母亲联结更不好。母爱的缺失让他缺乏同理心和同情感，这一块，女老师介入，加强同理心和同情感，并且模拟情境，尝试用两种不同的行为模式去进行，让他对比两种模式自己的感受，老师作为参与者也说出两种模式下自己的感受，这样，应该会有帮助。

3. 教师可以设计一些相关的班会课或集体活动：如何换位思考？如何估计他人感受？如何文明地解决问题？这些正面管教里面有一些可以提供的资料。

总之，这个孩子不属于品德型问题生，应该归结为习惯型问题生。而且，这个孩子本身也是受害者，一是家庭父爱母爱的欠缺，造成同理心、同情感相对缺失，二是因为没有学习到正确的相处模式，将来自己成家和社会化都会有不小的影响。

所以教师要站在帮助他的角度，去耐心长期地矫正他的行为模式，充实他的心灵，女教师可以适当补充母爱的缺失。

夸克： 这个孩子，平时对身体的爱护程度怎样？受伤之后的反应怎样？

唐朝米洛永远的： 您说的他母爱缺失，我理解。这个孩子平时表现出一种无所谓的样子，即使受伤，也会让伤口一直在那里，不做处理。

夸克： 一般和母亲联结不好的，对自己的身体不是很爱惜。

女教师适当补偿母爱，平时多关心生活和情绪状态，在身体受伤时要引导他治疗，平时灌输一些爱惜身体的观念。

夸克： 同理心和同情感的模拟情景该如何着手准备？

就是把以前他和同学发生矛盾的场景再模拟一次，由一个老师表演矛盾对象，然后重复那个情景，他和老师各自说出自己的感受。然后，换用正确合理的方式，再来一次，各自说出自己的感受。让他对比两种感受，然后再说出自己对比后的想法，以后应该怎么做，有没有更好的方式？把商量好的他可以接受的方式再模拟一遍。

整个过程模拟三遍，错误的，正确的，他可以接受的。这样固化成果。有几次这样的处理过程，应该会改善的。

唐朝米洛永远的： 谢谢您，第二条我明白怎么做了。

有一次孩子爷爷生病了，老师的关怀让他特别感动。还有一次他生病了，我帮他想办法打热水吃药，感觉孩子很缺乏爱。

王晓春： 这是一个什么样的孩子呢？我初步的印象，这是一个行为习惯型的问题生，在轻度和中度之间，应该算轻度吧，不是挺严重。我说过，小学1—4年级即使学生有问题，一般也不称为问题生，因为孩子太小。这个案例中的浩浩，不叫问题生也是可以的，非要称之为问题生，也行，但我建议米洛老师不要把他看成品德型的问题生，也就是说不要认为他品德有什么问题。为什么这样说？有两个原因。一是孩子太小，他的三观等都没有形成，雏形都很难说，说他是品德型问题生有点过。第二个原因更重要，就是当一个老师认为一个学生品德有问题的时候，他就会有意无意地把这个学生看成坏孩子，有这样想法，就会激起他的道德义愤。道德义愤很厉害，会传染班里的学生，于是大家就会感觉他不是好人。这是非常麻烦的。小学中学都应该避免这样的气氛。社会上确实有坏人，但在学校，我们不要给学生这样的印象。孩子压力过大，他若逆反，就会说："我就坏，你怎么办！"这就麻烦了。我们是要分清是非，但那是对事，而不是轻易地给人判定好坏。此事需要十分慎重。

这个浩浩，到底有什么问题？从材料来看，主要问题是社会化障碍和行为习惯不好。什么叫社会化障碍呢？就是说，别人都比较顺利地社会化了，他社会化不顺利，他那一套言行，不符合社会规范。他行为习惯也不好。怎么造成的？很明显，就是家庭教育的失误。不过有一条要注意，小学生，尤其小学低年级的学生，像这个浩浩，他还没上四年级呢，很小的孩子，我们一般处理这样的案例，不以诊为主，因为诊断不太难，类似案例很多。主要是治疗，就是研究怎么办。但是要注意，我们以疗为主，不等于上来就管。如果不管三七二十一，反正我看你不对，我就管，那我们就不是一个研究型教师了。

研究型教师，即使在以疗为主的时候，他也是有研究的疗，不是单纯的行政管理。研究型教师比一般单纯行政管理型教师高明在哪儿呢？他的高明就在于，他不是单纯从教师的愿望出发，你的行为达到我所希望的程度就完了。不是。他会琢磨这孩子为什么这样，他能站在孩子的角度来想一下这个事。不管孩子做出什么样的不符合逻辑的、反常的、不符合道德规范的行为，不管他怎么不符合社会规范，他肯定都合乎他本人的性格逻辑。就是说他这个人，他这个苗，长在这样的环境里，长成这个样子，他必然要这么行动，必然合乎他自身的逻辑。一般老师，我不管你什么逻辑，我管束你，管不了，我就埋怨。研究型教师不是这样，研究型教师事先要搞清你为什么这么做。搞清他的逻辑以后，你才能在他的逻辑链条上，找个节点把它切断。你得知道他是怎么个逻辑，才能在其上加以修正，或者是把它堵住。这是研究型教师跟一般教师的区别。

这个浩浩怎么办？我很赞成夸克老师出的主意，就是情景再现。你哪件事做得明显不对，严重的不对，当时我没有办法跟你说清楚，因为你在气头上，我先帮你平静下来，稳住局面。等过两天，咱俩扮演角色，我扮演你的对立面，复盘，恢复原状。然后我告诉你当时我怎么想的，让他学会换位思考。我的经验，凡是有社会化障碍的学生，没有例外，都不会换位思考，他永远只能从自己角度往外想，不会从对方角度想。这个一定要教。但是你要教学生换位思考，前提是你本人会换位思考，你得先会站在他那角度想事。你变成他，你会发现，你要是跟他思维逻辑相同，处于他那个地位，你也会像他那么做。然后你就明白了他的思路错在哪儿，以便加以纠正。夸克老师的主意很好。

晨曦老师的主意也很好，就是手把手地教。比如遇到这种情况，你这么说话，就不至于冲突了。这个得非常细致具体地教。有老师会说，这还不会吗？我告诉你，他真不会。他不知道什么时候该说什么话，要不怎么叫社会化障碍呢？他家长没教过他，就是这么回事儿。所以这两个主意都是挺好的，就是要搞清他的思维，换到他的位置，教他学会换位思考，然后教他具体怎么想，怎么说，怎么做。这孩子应该是可以教育好的。

最后我来回答米洛老师的一个问题，学生在学校表现还行，回到家就不行了，这怎么办？提出这个问题，就说明老师相当负责任了，这是对整个人格负责，不是只对自己的工作负责，这是很好的。这个怎么处理呢？第一条，如果家长已经宣布："这孩子我管不了了。"且家长真的管不了了，那教师一定要有自主性，就是说，我靠我自己，我不能靠家长。现在很多老师只会埋怨家长，你这样的孩子送来，我怎么教？然而他就是把这样的孩子送来了，你就得教，你就别指望家长干很多事情，你空指望只能破坏自己的心情。要靠自己。学校跟家庭环境不一样，小学生一般在家里再闹，到学校里，他也会有所收敛。他还小，学校是一个单位，他有所畏惧，所以老师应该有信心。

第二条，我们应该相信，既然孩子能把家里的表现，优点和缺点，迁移到学校来，那反过来也一样，他也可以把学校养成的东西迁移到家里去。他在学校养成一些规则意识，你加以引导，他在家里规则意识也可能有所增强。当然他在家里稍微放肆一点也是可以理解的，一般的孩子在家里面都会随便得多，那里是避风港嘛！但是这个浩浩过火了。我们可以跟他谈：你在学校表现不错呀，你在家里也应该孝顺爷爷奶奶，孝顺爸爸妈妈，也应该干点活儿。也可能有效果。

第三条，我们也不要完全放弃家长，你不指望他，不等于完全放弃，还是可以做一些工作的，但是你得会指导。千万别给家长讲大道理，上政治课，那是比较傻的。像这个浩浩的爷爷奶奶，要是我，就找个机会跟他们谈谈。怎么说呢？这么说：我们当老师的可是铁路警察，就管这段儿，我们是飞鸽牌的，到时候，我就教别的班去了，或者您的孩子毕业了，您当家长的可不是飞鸽牌，您是永久牌的。没听说学生能把老师气死的，很少有这种情况，孩子可真能把家长给气死，这可不是一个两个。孩子只能砸在家长手里，不会砸在学校手里，到时候你得毕业呀。

我的经验，你这么说，家长很少有不动心的，他知道他躲不开。你说，孩子学校表现不错，我尽量往家里引导。家长可能会说：孩子不听我的呀！你就教他这么一招，就是以后，孩子提各种要求的时候，如果确实非常不合理，你一定要注意，尽量不答应，如果不答应不行，不答应就出事儿了，那就往后拖。就是我绝不让孩子的任性老是成功，想要什么，立马就能得到。就是要慢慢磨他的性格，让他知道，我爷爷奶奶也不是什么都全听我的。这样将来他才有可能慢慢地懂事。你现在尽情地放纵他，他可就欺负死你了，将来肯定不孝顺。能顶就顶，能拖就拖，反正不能让他太舒服，否则将来麻烦就大了，弄不好，能成啃老族。我说这孩子不是品德型问题生，但是不等于将来不是。如果没有受到良好的教育，将来变成品德型问题生也是可能的。我觉得彻底指望不上的家长其实是很少的，能指望多少是多少。这样家庭跟学校合力做，孩子前途还是光明的。米洛老师的敬业精神令人感动，爱心也够，再增加一些技巧，就有可能把事办好。

第四条，教育问题生，千万不要着急，不可以眉毛胡子一把抓。比如说他最近一两天连续犯了六七个错，挑其中一个，最多两个来教育，其他的应该不提，或者装没看见。同时挑很多毛病，孩子就没信心了，教师自己情绪也好不了。要拣那个破坏性最大的问题，或者最容易纠正的问题首先抓，有效果就表扬。你真不错，你比以前变好了。跟他爷爷奶奶说，你们孩子有进步啊！这样一点一点往前拱，千万不要着急，要有持久战的思想。

案例3：低欲望的小青

速速：小青（化名），男，12岁，五年级学生。

♡ **典型表现，典型事件**

（1）生活习惯极其不好

小青同学的桌面上、抽屉里都堆得乱七八糟，需要拿书本时经常在书包里翻半天翻不到；别的学生开始写作业了，他还在埋头找本子，还经常找不到；铅笔盒里的文具总是不齐全，橡皮经常没有，钢笔常常没墨水，要不就是没有带，经常都是同学们借文具给他用；红领巾常常莫名其妙地丢失，因此不知提醒了多少次；课本上的笔记惨不忍睹，书本被他画得乱七八糟；座位四周常有废纸、掉落的物品，且他的课桌总是不能和别人对齐。

（2）学习习惯极其不好

做操时手脚乱舞，动作完全走样，立正时动个不停，做眼保健操揉穴位时，想怎么揉就怎么揉，手像抽筋一样。安排了同学做他的小老师专门教他做两操，他还是乱做一气，小老师十分生气，他还一脸笑嘻嘻的样子，毫无转变。

上课经常走神，读书时要么不读，要么就非常大声怪腔怪调地读，每次提醒教育过，下次还是如此。字写得特别大，总是跑到格子外面，不按老师要求的格式来写，想怎么写就怎么写，老师已经对他无话可说了。语文生字词和英语单词默写错误都非常多，默写十个词语，他可能就要错到七八个。答题也是随心所欲。比如做语文问答题时，他的答案只写"好"或者"不好"，"是"或者"不是"。有次做题时突然想到妈妈，就在答题横线上写个"妈"字，甚至还会直接在作业本上写"我不会写"四个大字，让老师哭笑不得。

小青父亲是一名电器维修人员，大专学历。母亲是商场仓库管理员，中专学历。家庭关系和谐。据小青妈妈介绍，他们一家是四年级才和爷爷奶奶分开住的，之前一直住在一起。小青6岁之前都是爷爷奶奶带。爷爷奶奶本身就不注意家里物品的有序摆放，也不注意卫生，家里很乱。孩子爸爸也不会料理家务事，并且现在生活中还依赖父母（即孩子的爷爷奶奶）。两位老人只是给孙子吃饱穿暖。上小学一二年级时，孩子学习习惯和生活习惯暴露出诸多问题，小青妈妈也没有足够重视，觉得孩子还小，到了三年级才紧张起来，可孩子很多坏习惯已经养成。妈妈觉得老公不会教育孩子，学习上出了问题，老公就只会打。她觉得自己又要教育老公，又要教育孩子，很累。现在孩子打也不是，骂也不是，道理也已说尽，对孩子已经没有办法了。

小青小时候没有特殊的创伤经历。

🐾 英语老师的评价

孩子记性不好，习惯很差，对待学习非常马虎，成绩在班级处于末端。

◌ 数学老师的评价

他比较懒惰，学习习惯很差，做事没有条理，杂乱无章，成绩处于班级末端。

◌ 爸爸的话

这孩子说话就像做梦一样，整天会瞎想，常常说自己长大了就成大老板了，生活就会很幸福，处于幻想之中。不肯写作业，一写作业就磨蹭。

◌ 词语联想

(每组冒号前面的词为领词)

人：军人，陆军，海军，空军，大王，国王。

书：大书，小书，看书，买书，学习，眼睛。

家：家人，家乡，故乡，家事，国事，天下事。

心：心想事成，冠心病，开心，高兴，快乐。

老虎：白虎，猫科动物，东北虎，虎皮兰，豹子，猫，狗，动物。

数学：学习，知识，才华，诸葛亮，数字，加法，乘法，减法。

军人：陆军，海军，空军，海陆空，飞机，坦克。

北京：北京烤鸭，牛肉，鸡肉，玉米，甜食，绿色食品。

分开：离去，再见，连体娃，娃娃，玩具。

游戏：打游戏，电脑游戏，电视，手机，电脑，电子手表。

❤️ 早期记忆

在上幼儿园时掉了大门牙，放学时我拿着大门牙出幼儿园，别人说我大门牙被偷了。

爷爷骑电动三轮车带着我和奶奶，突然翻车了。我没事，奶奶身上全是被碎玻璃扎的血印子。我吓了一跳，想赶紧回家看电视，消除可怕的感觉。

有一次奶奶撕开饼干包装袋，给我吃饼干，我很开心，结果头撞到茶几上，奶奶送我去医院。医生说要缝针，我吓得一下子就跑出医院。医生看我这样，不敢给我缝，我就裹着纱布回家了。

有一次门夹到手了，很疼，疼得在地上打滚，爷爷奶奶带我去医院拍片子，没骨折，于是我们回家了。

❤️ 梦

幼儿园时做的梦：

我梦见耳朵上戴了耳环，是有人在我睡觉时偷偷给我戴的。在梦里醒来后，我很害怕。（我问为什么害怕？他说，我害怕变成女生了。）

我梦见我跳楼，但我不害怕，因为我知道我在做梦。我跳到了河里，淹死了，我想醒就醒了。（他反复跟我说，我小时候想做这个梦就能做这个梦，我想醒就能醒。我随口问他，怎么会做跳楼的梦？他说，我想知道跳楼是什么感觉，是不是很刺激，就做了这个梦。）

近期的梦：

梦见我最近考试考到 89.5，感觉很遗憾，0.5 分没有考上，就醒了。

五项图和全家福

以上是原始材料，下面是速速老师自己写的诊疗报告、后续情况反馈和反思。

小青个案诊疗报告

一、诊疗对象

小青，男，11 岁，小学五年级学生。

二、主要问题

做任何事情都是随心所欲的，不讲规则，生活、学习上都杂乱无章，行为习惯极不好。

三、初步诊断

小青安于现状，需要层次低，不喜变化，遇到问题用逃避的方式来解决，经常生活在幻想和现实之间，而且界限不清。

四、原因分析

1. 遗传因素的影响：据小青妈妈介绍，小青的爷爷奶奶就不注重生活细节，不会料理家务，家里很乱。小青爸爸又是在他的爸爸妈妈过度照顾下长大的，他做事也丢三落四，没有条理。小青的表现似乎有遗传因素。

2. 家庭环境的影响：小青 6 岁之前都是爷爷奶奶带，爷爷奶奶只关注吃饱穿暖，有意识的教育几乎没有。小青上小学一二年级时，学习习惯和生活习惯暴露出诸多问题，爸爸妈妈没有足够重视，只觉得孩子还小。到了三年级才紧张起来，可孩子很多坏习惯已经养成，四年级才分开住，可妈妈也没有好的教育方法，一家人感觉教育孩子力不从心。在小青成长的关键期，家庭教育缺失。

3. 小青自身的问题：从小青的词语联想中可以看出，小青所写出的词大多包含领词中的字，且名词较多。如：书：大书、小书。家：家人、家乡、家事。心：心想事成、冠心病、开心。老虎：白虎、东北虎、虎皮兰。可以感受到小青思维简单，知识水平不高，阅读量不够丰富，因此他的作业正确率也不高，默写错误很多。

四条早期记忆都与身体伤害有关，而且他受到伤害后的反应都只是简单的生理反应，且遇到困难就退缩，逃避，或转移注意力。如：爷爷骑电动三轮车突然翻车了，奶奶身上全是被碎玻璃扎的血印子，他没有担心奶奶，而是转移注意力，只是想赶紧回家看电视，消除可怕的感觉。头撞到茶几上，医生说要缝针，他吓得一下子就跑出医院，这也是在逃避。再从小青的梦境和五项图来看，可以感受到他时常处于不切实际的幻想中。他明知自己要淹死了，或变成燃料失去生命了，却不害怕，明显就是现实和幻想界限不清。就像他在平时的学习生活中一样，似乎任何事情都不放在心上，做事就像脚踩西瓜皮——滑到哪儿算哪儿。他还说自己长大了就成大老板了，生活就会很幸福，不切实际，处于幻想之中。

五、初步转化措施及效果

1. 在小青发愣、走神的时候，及时点醒他。

如果是自习时间，我会轻轻地走到他身边，问他："你现在在想什么?"一般情况下，他说不出他在想什么，然后我提醒他赶紧看书或者写作业，并且和他约定好写完手头作业的时间，或下课问问他看书的内容，促使他不分神。如果是上课时间，我尽量不打断课堂，在他走神的时候轻轻拍拍他的肩，把他拉回课堂，并在课上多喊他回答问题。这样，孩子上课听讲的习惯有所改变，听讲效率有所提高。

2. 每天让他大声读 10 分钟的书。

每天我利用课余时间让小青在我面前或小老师面前大声读 10 分钟的书，我觉得这个方法效果很好。他刚开始读书时常添字漏字，忽快忽慢，很不连贯。每天读着读着，他读书的能力有了提高。和他说话也感觉顺畅了许多，而且他的心似乎也沉静了一些。做作业时会读题了，虽然错误依旧不少，但能感觉到他的进步。

3. 生活小导师和学习小老师齐上阵，榜样引领，同伴互助。

除了我每天一早对他各项学习用品的检查，生活小导师课间随时检查指导他有序摆放各种学习用品，保持桌面、抽屉干净整洁。学习小老师坐在他旁边，指导他写作业，先从书写、作业格式开始，给他写范字，督促他把字写工整、写进格子，严格按老师的作业格式来写。这样从小处着手，逼着他改掉随便的坏习惯。当他写得好时，我及时表扬，强化鼓励，渐渐地他的作业看上去整洁多了。眼保健操和广播体操也是如此，两天做一节，由小老师指导督促，他动作很不协调，但至少态度上认真多了。

4. 家长从小事开始，规范孩子的行为。

听小青妈妈说，以前小青一回家鞋子就东一只西一只的乱踢乱放，整个人往客厅地上一躺，书包随手一扔，很没规矩。于是，我让小青的父母就从进家门开始，给孩子立规矩，规范行为：鞋子必须在指定位置放整齐，书包放进房间固定位置，不可随便躺在地上。小青的家长很赞同我的提议，于是就这样要求孩子。我对家长说，要求不要一次提得太多，一段时间重点训练一个常规，这样循序渐进，才会不让孩子反感，从而起到作用。

5. 和任课老师沟通，对孩子多点耐心、少点批评，出现问题找找原因。

我和任课老师沟通，小青的问题是从小到大累积起来的，因此要改变小青的坏习惯，就必须把工作做细一点，而不能只是简单地批评一气。要给他讲明要求，并让孩子重复老师的话，让他的脑海里有清晰的要求，从而规范他的行为。

小青的转变情况

在运用了以上方法齐抓共管后，我观察到他空余时间仍然喜欢画画，都是画的一些机甲怪兽之类的东西，还是和幻想有关，但是他能够把每个小人画得大小比较均等，让人感受到他的思维有了一定的规则感。

生活习惯方面：他的桌面比以前整洁了些，丢三落四的习惯有所改观。坐在他周围的学生反映他做事比以前有条理了些。

学习习惯方面：各科老师都反映他学习上有进步。语文书写变化明显，字能写进格子，也写得整齐多了。课堂上，他能积极举手发言，大体意思能说对，但句子还说不完整。写作业时能够跟上大家的速度，有错误能及时订正，进步明显。

孩子在家的行为习惯有没有改变呢？于是我和他父母进行了沟通。没想到，孩子的父亲立刻就说，在家表现很不好，厌学情绪特别严重，不肯做作业，在地上打滚，或坐在桌前发呆。睡前他要看书，但是从来没有耐心看完一整本，这本翻翻，那本翻翻。父母问他在学校怎么上英语课、数学课的，他就说自己没有听讲，自己画画。父母听了很生气，他看到父母生气了就笑。父母说他好像是故意这样说，就想惹他们生气，父母生气了他就高兴了。小青的妈妈现在又怀了小宝宝，就要生了，精力也有限。他爸爸上三班制，晚上也常常要上班。小青放学就去托管班，写好作业回家。可是一些背书默写的作业他在托管班完成不了，回来后就不愿意写了，让父母很头疼。

🌥 反思

通过对小青这个孩子的长期关注、跟踪研究，我感受到了教育诊疗给我的教育教学工作带来的切实帮助。在问题学生个案诊疗的研究过程中，我有一些收获。

（1）有了教育研究的意识

我们老师每天有很多繁杂的工作，面对的又是一个个秉性各异的孩子。他们可爱的时候像天使，而调皮或出现问题时又会使我们焦躁、抓狂。学生出现问题时，我们通常的第一反应是生气，然后会不由自主地训斥教育孩子，随之而来的是我们和孩子都很不稳定的情绪。这是我们没有教育研究意识造成的。从小青的这个案例研究来看，当孩子出现问题时，我们如果把这一问题从孩子身上外化出来，就会从解决问题的角度出发，来思考孩子出现这些问题的原因，进而分析孩子的成长史、内心想法等，来帮助孩子解决问题。这时，我们的关注点就是如何解决问题，而不是机械地朝孩子发火、生气。面对问题，我多了一份从容，多了一份理性的思考。我想这才是一个教育工作者应该具备的专业素养吧。

（2）提高了处理问题的能力

在理性的教育研究之后，我根据孩子的实际情况，对症下药，找出一些帮助孩子的方法，从而避免了以前处理问题的简单做法，更大程度地帮助学生成长。在后续的教育过程中，如果我之前提出的解决问题的方法没什么效果，那就需要我重新调整，再次想办法。比如：在我的教育下，小青后来在学校的行为习惯、学习状况得到了改善，可在家里的改变却不是太大，这使我有了新的困惑，可这个新的困惑就又成了我研究的新问题，很具有挑战性。在这样不断进行的个案诊疗中，渐渐提高了我处理问题的能力。

教育是一门艺术，需要我们不断实践，不断总结、反思，它永无止境而又充满乐趣。

王晓春：速速老师提供的这个案例，我看了两遍了，感觉有点奇怪。速速老师写的诊疗报告，看着都挺合理，可我总觉得好像有点没弄清楚。这孩子随心所欲，关键是要找出他的"欲"到底是什么，这个不大清楚。这孩子没谱，问题是，我们这些研究者，我们的任务就是要研究出那没谱之中的谱，他肯定有谱的，只是这个谱咱们没搞清楚。你说源于他的家庭环境，他受的那种教育，肯定导致最后他乱七八糟。可是，类似环境中长大的其他很多孩子并不像他这样。他的心理状态跟别人不太一样，从表面上看他是行为习惯问题，我觉得从深层次看，好像他的想法和心理跟别人不太一样。究竟怎么不一样，我不清楚，我觉得有点儿模糊。希望速速老师把他的那个五项图和全家福细致给我讲一下，我看不懂。我想知道他的思维特点和心理规律，他的问题到底在哪里，形成一条清晰的逻辑线。

请问问这个孩子，他的爱好是什么，他做什么事情最擅长，这挺重要的。目前看，这孩子有两个突出特点，一个是他行为习惯特别差，另一个就是他对现实世界和幻想世界分不清。但是你要注意，一个人分不清现实世界和幻想世界，不等于他行为习惯不好，反过来也一样，行为习惯差的孩子未必分不清这两个世界。这不是一回事儿。问题就是，这二者怎么在小青身上统一起来的，怎么解释他的性格逻辑。

速速：小青的五项图是这样画的：最下面一个个小的竖条子就是他画的房子，画面的中间这一个大大的尖尖的像一个怪物一样的东西，他说这是一个假的树。人是在画面的右上方。右上方这一个像热气球一样的，下面挂了一个小的圆形的东西，里面有两个小人。这个里面的小人，他说就是他自己，就是用人来做这个太空飞船的燃料。书是在画面的左上角，像一个翅膀一样的东西，他的书就画在了这个里面，感觉在天上飞。

前天我问他，他说他喜欢看清朝题材的书。我问他为什么，他说清朝经常打仗啊，那些很有意思。

我教他的那个时候，他特别喜欢画画，没事他就喜欢拿个东西出来画，画的都是这些机甲怪兽之类的东西。而且他喜欢设计各种武器，这个是干什么的，那个是干什么的，讲起来头头是道。

他也没有什么目标。以前他妈妈曾经跟我说过，他爸爸跟他讲，如果你不好好学习的话，长大了之后，你怎么办呢？你有没有什么好的工作啊。他说，我没有关系啊，我长大了，只要有一个馒头吃就行了。感觉他就是无欲无求的状态。

扁舟：佛系的……

速速：妈妈当时就很生气，你怎么就只有一个馒头吃就行了！妈妈就觉得很无奈。的确是很佛系。

问：他有没有惧怕哪个老师，或者哪个家长？

速速：没有。他的家庭从小对他就没有要求。

他爸爸是电工，他的工作可能做得还是蛮好的，因为他妈妈曾经说过，说他爸爸挺忙的。回来之后什么事也不做。如果下夜班迟了，都不回家，就睡到爷爷奶奶家去，就是他自己的爸爸妈妈家。爸妈早上也不喊他，他就可以在那边随便睡到几点钟起床，起来之后给他弄早饭吃。所以小青爸爸就像一个长不大的孩子一样。

小青上了小学之后，他爸爸也参与孩子的教育，以前会打他，不好就打，也没有什么特别好的办法。后来呢，我跟他家长讲回家之后怎么样，看他写作业，怎么样和孩子交流，家长也都听着，也按照我说的要求去做。现在打他少了，基本上就不打他了。

问： 这个孩子喜欢体育运动吗？

速速： 好像也说不上有多喜欢体育运动。做操也不好好做，反正就是想怎么做就怎么做。

我感觉从小家里就没有给他规则感，长此以往形成了不受任何约束的习惯，怎么舒服怎么办。专心听老师讲课要求要集中注意力，他觉得累，就爱听不听，最后什么都没记住。或者记住一点要求，又觉得这样写太累，不舒服，就想怎么写就怎么写。

王晓春： 感谢速速老师提供这么多材料，还有其他老师的发言。今天早晨我把这材料看了一遍又一遍，来回琢磨，这孩子怎么回事儿。我对这个孩子看法有点变化，跟原来不一样了。原来这个小青给人的感觉最明显的是两点，一点是行为习惯太差，另一点是虚实不分，现实世界和虚幻世界分不清楚。我那时候就有点疑问，不知这两者什么关系，看到新材料以后，我觉得这孩子主要特点，可能不是行为习惯差也不是虚实不分。是什么呢？他大概是个低欲望的孩子，这种孩子我还真见得少。老师们称之为佛系，这么小就佛系，很有趣。我觉得现在还是有两种可能，一种可能他确实是一个低欲望的孩子，长大以后也会是一个低欲望的人，他父亲也许就是这样的人。还有一种可能就是这孩子成熟得晚，他有一些欲望在潜伏着，他自己还没有觉察，但是我们现在把他说成是一个低欲望的小朋友，还是可以的。

这个判断形成之后，逻辑链立刻就清楚了，他的行动就都能解释了。他行为习惯不好，那当然，低欲望的人行为习惯就不重要了，因为所有的习惯都是为欲望服务的，如果没有什么目标，很多习惯对我就无所谓了，我这么办也成，那么办也可以。虚实不分呢？怎么解释？一个人没有高的欲望，他心理能量是有的，任何人总有心理能量，这能量往哪儿释放呢？他不向现实释放，只能向虚空释放，就是在虚幻世界里，释放自己的心理能量来满足一些正常的心理需求。这就合逻辑了，我们几乎可以用这一个基本判断，来解释他的所有言行，这就比较合理了。当然合理并不能保证一定正确，但我们先来这么一个假设是可以的。

我再说下一步。如果我们的判断是正确的，那么我们的主要治疗方向就不一样了。原来我们的方向就是让他清醒，让他养成好习惯，这都对，但是可能现在还有一个更符合他心理的治疗方式，就是激发他的欲望。他不是低欲望吗？我们就把他的欲望提高一点。怎么提高呢？我觉得至少有两个方向可以试一试。

第一个方向，因为他已经五年级了，可以考虑问问他，你长大了，你不说吃一个馒头就够吗？这馒头怎么得来呢？是你爸爸妈妈老给你送馒头吃呢，还是你自个儿去挣馒头呢？如果你要去挣馒头，你从事什么职业呢？比如他说：我打电脑游戏挣钱。那好，就给他试验一下，看他玩电脑能不能挣到钱。找一个有经验的人，把他打得一塌糊涂，让他挣不着钱。如果他说，那我去打工。好，假期就带他去打工，不是做童工，就是实习，锻炼锻炼。让他爸给老板点钱，让老板发他。这样，让他知道将来起码得自食其力，我得能养活我自己，我现在这样，养活不了。他现在对社会生活可能比较无知，他必须得知道有很多职业，什么样的职业大约挣多少钱，能拥有什么生活水平，这些知道以后，也许能刺激他的欲望，让他双脚落地到现实世界。

还有一个方向，因为他进入前青春期了，可以了解一下他跟女孩子的关系。老师可以问问他，你现在也逐渐长大了，中国人说，男大当婚，女大当嫁。你这很快进入青春期了，再过些年你就可以考虑谈女朋友了。我问你啊，你喜欢什么样的女孩子？你再想想什么样的女孩子会喜欢你？你有什么条件来博得女孩子的青睐啊？这些话可以实实在在跟他说，刺激他，让他知道我将来得干点事儿。

这类刺激正当欲望的策略如果管事，如果他确实有变化，那可能咱们就打中了他的要害，他确实是这样的人。当然了，速速老师平常对他的行为习惯训练，还是要继续做的。但我觉得可以侧重抓一下他的欲望，从这儿切入，看行不行。这个想法非常不成熟，速速老师和其他老师，听听你们的意见。

速速：王老师，他不打游戏。

我还有个困惑，他给我们的感觉是，没有大喜大悲，他的情绪看上去都是平静的。甚至你批评他，他也在微笑。可为什么他的早期记忆都是受伤害的呢？

王晓春：速速老师，您这问题提得非常好。这个孩子，他的早期记忆，并不是大喜大悲那一类的。如果您仔细分析的话，会发现这几件事，他的感觉，主要并不是失败感，挫折感，不安全感，而是新奇感，刺激。你看第一个，门牙掉了，别人说我大门牙被偷了。这里没有什么悲伤。第二个，三轮车翻了，奶奶身上全是被玻璃扎的血印，他吓一跳，其实主要是一种刺激的感觉，并不是伤心。吃饼干头撞茶几上，医生要缝针，他就吓得跑回家了，这个叙述相对说来也是比较平静的。最后一个，门夹手了，疼得在地上打滚，奶奶让我去医院拍片子，没骨折，于是我们回家了。整个叙述给人的感觉并不是那种特别的不安全感。那种感觉，都是刺激。

另外还有一点特别值得注意的。我一直在琢磨这个事，没搞清。这四个早期记忆都跟身体有关，联想到他的五项图里面是把自己放在火箭上拿身体当燃料，你拿身体当燃料了，不就没了吗？他也觉着挺好玩儿。所以我猜想这个孩子对身体的感觉和我们是不一样的，他可能对身体特别敏感，或者他对身体的想法是另一样。这很有意思，很特殊。他所谓那个疼啊，跟咱们所说的一般的疼，可能不是一回事，或者不完全是一回事儿。你看你在火箭里当燃料，在咱们看来，这极其可怕，他却不觉得可怕，所以他所谓的可怕跟咱们说的可怕，可能含义也是不同的。这个孩子，他的心理相当健康，抗挫折能力挺强的，真是一个天生佛系的。跟咱们比，他的皮肤可能特别敏感。

速速：他曾经跟我说过他的梦，说他梦见自己跳楼。然后我问他害不害怕，他说不害怕，因为我知道我是在做梦，我就想知道跳楼是什么感觉，所以我就做了这个梦。我说，那你跳楼跳下去不就死了吗？他说是的，我跳到河里淹死了，然后我想想我就会醒，我想做这个梦，我就能做这个梦。我问他，你想知道这个，为什么要跳楼？他说，我想知道跳楼是什么感觉，是不是很刺激，就做了这个梦。那么结合您刚才讲的，这个孩子，是不是平时对他的刺激，不达到一定的强度，他都感知不到？所以他都做这种很刺激的梦，或者做很刺激的事来感知到这种刺激。

王晓春：这个孩子不打游戏，我也有点儿不解，因为对于一个低欲望的孩子来说，打游戏是一个释放心理能量的很好的渠道。佛系的青年人，喜欢打游戏的还是很多的。我不知道他是家里不让，没有条件打，还是他就不喜欢这事。如果不喜欢，那太重要了，一定要问问他为什么不喜欢，不喜欢在哪里。这事我还没搞明白。如果他对现实世界跟幻想世界分不清楚的话，那么他喜欢打游戏也是可以理解的，他喜欢稀奇古怪的东西，游戏里面这种东西不是很多吗？他怎么不打呢？是不是他不喜欢游戏的那种对抗性呢？因为游戏往往是对抗的，他也许不喜欢对抗，所以不爱打游戏。要是那样的话，可就真佛系了。

速速：小青案例我也有疑惑，就是他的欲望低，原因是什么？欲望低是不是就是问题的主干？我这几天思考，感觉他的主要问题有可能和他各方面能力弱有关。

王晓春：速速老师这个问题提得非常好。这个小青，低欲望是个结果，他怎么会低欲望？原因在哪儿？这问题确实非常重要，咱们还真没认真地、使劲地挖过。刚才我又把材料浏览了一下，想半天，有这么几种可能。首先就是遗传，家长有这种人，糊里糊涂地混。另外一个就是家庭影响，他家里面既然有这种人，就有这种气氛，家里对他也没提什么要求，没有引导，所以他就这样。这是一种可能。第三种可能，就是他那欲望会来得比较晚，懂事比较晚，这也不是不可能的。你注意他的早期记忆，有一个考试分数 89.5，他就很遗憾，差

0.5，我没考上。这就证明他不是完全没有欲望。到底这个欲望是藏起来了，还是没激发出来呢？这事还真值得注意。当然还有一种可能，就是速速老师说的，他能力差。有欲望也白有，不如没有欲望，我就凑合过吧。这种可能性也是很大的。凡是一件事有好几个可能原因的时候，我们一定要想办法找出哪个是主要的，因为经验证明这非常重要。比如说有四个原因，咱们都得干预，但是你必须在主要原因上格外着力。经验证明，这样效果比较好。这四个到底哪个是主要的？就现有材料看，我倾向于主要是遗传和家庭环境，决定了他就这么活着。如果这个判断正确的话，他长大以后大体也是这么一个人，佛系，有饭吃就得。

这个问题的检验也是实践。既然他低欲望，我们就千方百计地刺激他的欲望，若怎么刺激他也还是拿不起个儿来，那可能人家就是那么一个人，你刺激一下可能会稍好一些。如果刺激以后发现他有显著的变化，那咱们的判断就动摇了。要靠实践来检验判断对与错。

就目前我们见到的材料看，小青是一个心理问题生，中度。

案例4：不走学习经的小鑫

案例回放

吴老师：小鑫，男孩，七年级，性格内向，不爱说话，不爱表达，没有自己的主见。小学一年级进的识字班，没学拼音，直接学了汉字，好多拼音都写不出来或不会读。没有打好基础，所以转校又复读一年级。小学换过三个班主任，父母怕孩子交不良的朋友，周末除了补习班，不让去别的地方，也不跟同学们交往。初一上学期的状态是不学习，作业抄手机，抄同学的，上课不认真听讲，但也不捣乱。每天来了走了，没有明确的目标。就这个问题谈了多次话，也给他制订计划和目标，但是不执行。也要求家长配合，但是坚持不了，可能今天强行让他背一些东西，背完马上考，会了，过一会儿再问就忘记了。家长也很无奈。下学期开始不但不学习，上课说话，吃东西，抽烟。学习和行为上都很令家长和老师担心。问其原因他自己也说不清，就是跟随其他同学做这些事情。我想问一下王老师，像这样的自己没有目标没有行动力的孩子，我们可以认为是问题学生吗？谢谢！

王晓春：这个小鑫有可能是个心理问题生，但现在我还说不准。请吴老师告知他的家长的职业和文化水平，家庭情况，各科成绩。另外问一下，各科老师对这孩子怎么反映，如果有可能的话，再问问跟他比较接近的同学对他怎么评价。

要是能采集一下这孩子的早期记忆，那就更好了。早期记忆，对研究心理问题生几乎是必备的。

吴老师：小鑫父亲46岁，个体户（宾馆老板），初中文化。母亲是邮局工作人员，高中文化。父母前年离异，孩子判给父亲，但是母亲怕孩子受影响一直带着，父亲只管生活费。孩子童年回忆都是关于父母带他出去旅游的，五岁之前的没有特别的记忆。

由于从小母亲管得太多，所以孩子也不怎么跟母亲亲近，父亲平时也不怎么跟孩子沟通。

小鑫成绩是全年级倒数第一，各科老师对孩子的评价，不学习，没有学习的能力，学习基础太差。不让人讨厌，没有要求。

班级里也没有几个好朋友，他也不主动跟同学玩，喜欢打篮球，看电影，生活能力挺强的。

王晓春：看小鑫第一批材料，我的印象，这有可能是一个心理问题生。后来吴老师又提供了一些材料，我看了以后，想法有些变化，我现在的判断是，这孩子有可能是一个不适应咱们常规教学的学生。什么意思呢？就是这种孩子，他不走学习这一经。人是各走一经的。有一种孩子，他在学校里学习就是入不了门，或者总是学不好，但是你要注意，这种孩子长大了以后生存能力不一定差，生活质量也不一定差。我怀疑小鑫的父亲小的时候也跟他情况类似。吴老师去了解一下，如果差不多是这样，那这个假设就有可能是正确的。这种孩子的本事不在学习上，他特别不善于学书本和考试，但是不等于他能力不行。这个孩子，目前没发现他有大的问题，所以他算不算问题生，我在犹豫。即使算，也应该是特殊的，不属于咱们常说那些类型的问题生，咱们说的常见类型，有行为习惯型、心理型、品德型，我觉得都不是。这种孩子智力也不一定差，只是他那个智力类型，不适合咱们学校这种学习，他干别的事儿可能是相当好的。

如果我的判断有一定道理，那么咱们怎么对症下药呢？首先吴老师试一试，在学习上不要有过高的要求，作业他做不出来就算了，但不要跟全班同学说，私下跟他商量，你做不全，就拣你确实会的、最简单的题来做。考试的时候呢，凡是难题都不要做，就只拿那些最简单的题的分。你这样辅导考试，他的考试成绩没准儿还能提高点，不信咱们就试试。另外一个，尽可能地发现他适合干什么，有哪些特长，他的能力在哪方面比较好，然后就鼓励他朝那边发展。吴老师说他没有目标，那就慢慢确立，初三以前，如果他能有一个奔头，大概知道自己将来靠什么谋生，就行了。不要着急。

另外，请吴老师注意一下这孩子的非智力因素，比如意志品质啊，情绪管理呀，这方面如果没有大问题的话就好，如果有点问题的话，吴老师帮调整一下。他如果跟他爸爸相似，那将来能决定他前途的，就是奋斗精神，我现在主要担心他这一点。就是说，他学习不好没关系，将来只要有奋斗的精神，踏踏实实干，肯定能自食其力，说不定还能混得不错。我就担心他因为家庭条件比较好，长大了变成啃老族。

目前这个孩子的诊断，我初步印象就是这样，如果有新的材料，我可能还要做调整。这个孩子的教育效果，严格地说，过五六年以后才能看清楚，但是现在如果做得好的话，也可以看出一点眉目来。比如他平时情绪平稳，活得挺高兴，成绩稍微上升，到初三毕业的时候，也能毕业，至于上不上高中，让他自己选择就是了。

吴老师的想法，我感觉是想照着正常的渠道像正常孩子一样把他培养起来，这条路您可能走不通，因为他不是那种孩子。这是我的判断。

吴老师：孩子父亲也是这样子的性格。谢谢王老师。

听了老师的分析，瞬间有方向了。非常感谢！

案例 5：暴力又盗窃的小帅

涌泉：小帅，农村孩子，七年级。父亲是电焊工，母亲在他两周岁时离家出走至今未归，从小由奶奶带大。他在当地乡镇上小学，初中在县城。每次考试，大部分课程分数是个位数；不能遵守学校的规章制度；平时不能和同学们和谐相处，脾气暴躁。逃学两次后，经学校家长配合教育，又回归学校。

小帅喜欢班里的一位女同学，找其他同学帮忙替他写了几次情书。常用字不会写，他找人替写。女同学不搭理他，他就在自己胳膊上拿小刀刻上这位女生的名字。平时和同学发生矛盾或被老师训斥后，小帅都会拿小刀自残。情绪稳定时，我和他谈过几次，软硬办法都使上了，可效果不太好，他脾气上来时还会自残。

小帅还有小偷小摸的毛病。刚上初中时，他就偷拿了其他同学的电话手表，我私下问他要回，并教育了他。可没过多久，他又偷了街上的电动摩托，被派出所找上门来。处理了这事后，我又教育了他，现在还有在校偷盗的毛病。

🔍 案例讨论

yanghaijian：小帅有没有怕的人？

涌泉：有，他父亲，犯错后他父亲会狠狠地打他，有一次打得大腿上都是黑青伤痕。

海蓝蓝：如果再以暴制暴，就是在死结上用力，这个孩子本来就是暴力受害者，再用暴力，只会更加坚定他对暴力的信仰。可尝试这些方法：

①做学生父亲的工作，建议不要使用暴力解决家庭冲突。

②学生出问题，老师也不使用暴力解决问题，让这个学生看到，不使用暴力也一样能解决问题，而且效果更好。

③指导学生如何和别人打交道。

难吗？

如果觉得成本太高，那么，控制状态不恶化，我想家长和学校也不会责怪你什么。

如果是我，可能把这个学生当作研究的样本。

涌泉：以上你说的①②③我都做了，上上周还专门交代家长给孩子多带些吃的东西和同宿舍的一起分享，家长做了，孩子也做了，关键是他心情不好时，也许同学的一句玩笑话就能招来他一顿打。

也许需要时间等待他变化？

海蓝蓝：是的，需要持续地关心，或许让善于疏导的人把这个学生内心的愤怒疏导掉。

王晓春：小帅是问题生，很可能是中度到重度的问题生，至少是中度，主要是心理型的。下一步怎么办呢？我的意思，别着急办，因为以前老师们各种手法可能都已经用过了，一般老师的本事可能都用光了，那就必须得找新路。新路有没有呢？不知道，找找试试。所以我就主张涌泉老师您现在稳住这孩子，尽量对周围同学进行教育，防止激怒他，使他在班里少起破坏作用，然后找几个突破口试一试。

我现在想到有这么几点。第一，他为什么返校？这种孩子，他辍学又回来了，可能是迫于他父亲的压力，也有可能他对学校还有点儿留恋。这个很重要。我建议涌泉老师如果有机会的话，问问小帅："你觉得学校还有什么地方吸引你吗？"如果有，问清楚是什么，这就是下一步工作可能的突破口。如果他说："我根本就不想来，我爸逼我来，说不来他犯法，所以我不得不来。"要是那样的话，老师心里有数，下一步你就可以做维持的工作，就不必有过高的期望值了。

第二，这孩子早恋，给女同学写情书，这当然不是好事，但也有可能成为突破口。我希望涌泉老师认真观察分析一下这个女孩子有什么特点。他为什么喜欢这样的女孩子？这个女孩子哪里吸引他？注意，不会光是外貌，可能还有性格方面的地方吸引他。你把这个找到，也可能成为一个突破口。

第三，涌泉老师介绍，这个孩子容易翻脸。我希望涌泉老师做一下观察和记录，他最喜欢和什么人翻脸，在什么情景下，遇到什么样的情境爱翻脸。一个人不可能老翻脸，那就累死了，谁都是在一定情况下，对一定的人，碰到一定的事儿，你触发了那个机关，他才翻脸的。这个机关在哪里？要找到的话，以后在预防和进一步引导方面都可能是个抓手。还有一个，偷东西。如果老师跟他关系好的话，可以询问一下：你要东西干什么？小孩偷东西，他有的是为了直接占有东西，也有的是为了偷完了以后去卖钱。你问他想要什么。总之，我们要把小帅这个人，他的愿望，他的思路，他的行为方式，搞得心里有点儿谱，这样下一步教育起来，就可能有招了。

这些意见，涌泉老师参考。您试一试，不要抱太高的期望，同时绝不放弃。所谓不放弃，包括两个含义：一个是对学生不放弃，另一个是对自己不放弃，我永远不承认我束手无策了，没有对策我也想办法找点对策。注意，研究型的教师就是这样培养起来的。他在没路的地方找路，找的时间长了，就有路子了。

思远道：小帅脾气暴躁是情绪引起的，打别人就是释放情绪的一种方式。这是一个容易情绪化的学生，可以说在他与别人交往的所有行为中，他自己都处于防御状态，尽管表现出来的是一种进攻状态，实际上是防御自己的内心领地。他的内心领地他自己是意识不到的，他观念中的处世行为方式就是让别人受伤或者让自己受伤，他认为这是必须的。用肢体冲突解决交往上的被侵犯感，说明他语言上的交流比较困难，他父亲也有这问题，当孩子出现过错的时候就是动手打。当一个人骂不过或者说不过的时候才会动手，老师也经常是这样。

这样分析的话，得出的结论就是，先解决沟通问题，解决表达问题，解决情绪释放问题，最终要拓展他的内心领地范围，让他不至于时时感觉到被侵犯。教师和家长应该经常和这个孩子谈话交流，不是给他讲道理，更不是训斥，重点是听他说，引导他说，每周至少要和他谈话一次到两次或更多。倾听他说话，特别要关注他的愿望。这个孩子的话有可能比较少，至少表达不会很流畅，尤其是在表达自己内心的感受的时候。情绪化还有一个原因是对某些问题看得特别重，容易情绪化的人都有一个情结在内心，只要触及这个情结的阀门，就会触发他的情绪导致行为的爆发。对于这种孩子不能有学习上的期望，所以谈话最好不要涉及学习。如果学校有合格的心理咨询老师，可以用心理咨询的方法，适当解决一些问题。

王晓春：请涌泉老师注意，思远道老师说的这个语言问题，挺重要的。我自己确实有这方面的经验，有暴力倾向的孩子，绝大多数都有语言障碍，就是他没有办法用文明的方式表达自己的想法和感情，他就直接上手了。暴力本质上是和别人联系与沟通的一种特殊方式，这一点一定要想清楚。比如说，低幼的孩子，他要跟别人借东西，他不会表达，没受过这样的训练，他就伸手抢。实际上他这个"抢"本质上跟抢劫是不一样的，一定要分清楚。所以这个小帅，如果他确实有比较严重的语言障碍，那这是第四个抓手，是一条路，弄好了还能走通。我曾经做过类似的工作。有的孩子，你别的都不做，就让他读书，就每天出声念，过一段时间以后，他的脾气就慢慢变好了。有人就说，你看圣人多伟大！实际不全是。一个人表达能力提高了以后，他就不必上手了，他可以跟人说呀，对不对？

另外，刚才我又想到了自残问题。这个小帅，他拿小刀划自己的手或别的地方，这就是自残，自残是必须重视的。小帅是一个心理问题生兼品德问题生，到底主要是品德问题，还是心理问题，我还说不准，好像心理问题是主要的。自残是心理问题，它有好多原因的。有人自残是在惩罚自己，"我真不是东西"，我给自己一刀；有的人自残，是发泄，情绪没处发泄，我拿自个儿发泄。注意，这不是惩罚自己而只是发泄，惩罚有自我批评的意思，发泄没有。

还有一种可能就是吸引别人注意。比如我给女孩子写情书，人家不理我，于是我自残，弄得到处都是血，全班震惊，人人议论，那女孩子没准就同情我了，可怜我了，没准儿就跟我好了。还有一种就是追求刺激，只要有刺激性的事儿他都做。请涌泉老师考察一下，在逻辑上推理一下，他到底属于哪一种，还是都不属于。我们要研究他为什么会这样，然后再开药方，现在不急于把他治好，着急就容易盲目，你不知道怎么回事儿，你怎么治啊？

涌泉：是了，小帅有语言障碍。我回想他和别人发生矛盾告到我这儿时，他描述不清，每次都是其他同学说。他好多字不认识，拼音拼不了，下一步我的首要任务是教会他拼音，再给本字典，再提供书。读什么书呢？

王晓春：他喜欢的，浅显的。

涌泉：为什么返校的问题，小帅说："爸爸让我在工地干活，干了一上午，实在干不动，所以要返校。邻班有我表妹，我要回来保护她。"

小帅本周没和同学发生不愉快。昨晚私下问了几个同学，都说这次小帅返校比以前进步了。我也觉得是这样。今天我们开家长会，从前期的准备工作，到今天的会上，一些琐碎的小事，小帅都积极协助班干部完成。

他喜欢的这个女生：文静，乖巧，善良，乐于助人。

我还问了他和同学一些问题：

1. 你会对什么人下狠手？

小帅答：别人打疼或碰疼我时，别人骂我没妈时。

2. 小帅爱和什么人打架？

同学1答：让他当众出丑的，伤了他脸面的。

同学2答：不能满足他要求的，比如他找人借橡皮，不给就骂。

3. 上次你为什么偷人家电话手表？

小帅答：他嘲笑我，我找不到和他打架的机会，偷他的东西报复他。

4. 为什么偷街上的电动自行车？

小帅答：没钱花，偷来卖钱用于吃饭和回家的路费。

5. 为什么不借？

小帅答：借不到，同学们不肯借。

王晓春：涌泉老师的这个案例，我帮他提供了一点儿调查线索。他做了一些后续调查。这个调查非常重要，调查完了以后，你就发现有招了，所以调查就是解决问题。你不调查，常常不知道该从哪儿入手。

我们看看涌泉老师查出什么来了。小帅曾经辍学，又回来了。为什么回来？老师问他，他说，爸爸让我在工地上干活，干了一上午，实在不行，所以要返校。我估计他是吃不消。父亲这招很好，很厉害，让他明白了，混社会不容易，走江湖不容易，没有在学校舒服，所以他回来了。这是一个非常好的事情。就是说，社会帮学校进行了教育，把他送回来了。可见学校教育有时候需要社会教育帮助。你千万不要认为当老师的可以包打天下，没有这种事情，学校教育作用一般说来不如社会大。同学们反映这个小帅回学校以后有进步，他没法不进步。这个进步是学校教育的结果吗？我觉得不是。是社会教育的结果，他原来觉得学校没意思，现在可能还觉得没意思，但是比起在工地上干活还强点。我们教育的很好的基础。

我还注意到，他说邻班有我表妹，我要回来保护她。注意，这又给咱们提供了一个教育抓手。涌泉老师，我希望您找找这个表妹，看看是否真是他的表妹。如果是，您问问她对这个表哥的看法，从中可以得到很多有用的信息。比如他有什么爱好，有什么特长，他将来想干什么，这个表哥怎么保护你。另外，如果这个小帅跟他表妹关系确实不错，你还可以做点表妹的工作，让她表妹说两句："你在学校瞎折腾什么，你好好读书，到毕业，考一个技校什么的，不也挺好的吗？"说这么一句，比你老师说好多话都管事。这不是很好的突破口吗？

同学们还反映说，一些琐碎的事儿，小帅能够协助班干部完成。那很好啊，索性给他安排工作，但是注意不要安排他做第一把手，要做副职，比如说做生活干事，辅助生活委员工作。这样，他的精力能得到释放，他干点事儿同学也会表扬两句，他就会越来越感觉到自己有价值，能被这个集体所接受，会越来越进步的，这也是一个很好的抓手。

他给人家写情书的那女生有什么特点？涌泉老师反映，特点是文静、乖巧、善良、乐于助人。这也是一个重要的抓手。找个机会，涌泉老师或者是让他的表妹跟小帅谈谈："你喜欢人家，你知道人家喜欢什么样的男生吗？"我长期研究问题生，发现相当一部分问题生都是绝对的自我中心。他喜欢别人，却不考虑别人是不是喜欢自己。我当班主任的时候，曾有一个男同学，他喜欢某女生，就在自己书包上写上人家的名字，写了好多名字，热情非常高。我就问他，你这么喜欢她，人家是不是喜欢你呀？他当时就愣住了。你信不信？他从来没考虑过这个问题，这是他们的思维方式。这是单线的，一个方向，就是一条射线，直往外延伸，他也绝不会站在对方角度想一想，我有什么条件让人家喜欢。现在有很多大龄青年，剩男剩女也是这思路，挑别人无微不至，非挑一个世界最完美的人。他也不想一想，最完美的人凭什么喜欢你呀？他不想这事儿。你说这事新鲜不新鲜！但真就这样。所以，涌泉老师可以让他表妹跟他说："哥，你知道女生喜欢什么样的男孩子吗？"这会对他触动很大，是一个很好的教育抓手。

你为什么对别人下狠手？小帅回答，一个是别人把我碰疼了。这也许是真话，也许是假话，我们权且认为这里有真话的成分，就是他的皮肤可能比别人敏感。注意，孩子跟孩子皮肤敏感是不一样的，有些孩子痛感比较差，挨一下，没什么感觉。这种孩子，你可能会以为他特别坚强，其实不全是，他感觉不到那么疼。有的孩子则不然，你稍微碰一下他就真的很疼的，他痛感特别厉害，这样的孩子你不要轻易断定他是娇气，要跟周围同学说，别碰他，尽量不要碰他，碰了赶紧跟他说对不起。小帅也可以这么对待。还有一点特重要，就是这个小帅说，别人骂我没妈，特别恼火。他妈妈不是离家出走了吗？这事是他们家的一个痛点，别碰。打人别打脸，骂人别揭短。一定要跟班里同学私下做好工作，绝对不可以提此事，因为这等于点燃定时炸弹的引信。如此，就可以少很多矛盾，有利于小帅进步。

还有一个上次思远道老师提到的语言问题。小帅真的是不善于表达，所以才容易跟人冲突。如果他愿意的话，涌泉老师可以鼓励他每天读 10 分钟、20 分钟的书，出声念，读一些最浅显的，他喜欢的、感兴趣的书。我估计一个学期才能见效，他就会变得温和一些。所谓腹有诗书气自华，其实就包含这个意思。书读多了他词汇多，就可以用语言来解决好多问题，能文斗，他就不武斗了。他不能文斗，不会，所以他就武斗。为什么粗人爱动手？这是基本原因之一。秀才见了兵，有理说不清，我跟你秀才说不清楚，就动手。所以读书是很重要的。最近有位专家说，学校的任务就是教学生念书，他说得挺对，虽然不全面。读书多的不一定就是好人，反正能解决一些问题。

有的老师可能要问，王老师，您出了好几个招，好几个抓手，哪个能管事啊？这还真不好说，我也不知道。我要是班主任，我就会一样一样，就是试错。任何科学研究都是一个试错的过程，科研成果实际上是由一大堆错误垫起来的，摸着石头过河。你不知道哪个办法一定会管事，都试一试。如果成功了，你得到了经验；如果失败了，你得到了教训。你的经验就越来越多。为什么理论必须联系实际？因为哪本书也没法告诉你，具体到哪个孩子什么情况。它不会告诉你某个孩子有个表妹在邻班，他要保护她。这就看你的调查研究能力了，所以学书本一定不要背那些结论，那没有用。

这个孩子，目前我对他的看法有一些变化，我觉得他不像我原来想的那么麻烦，那么难。可能他会有一些进步的，只是学习成绩上可能会困难多一些。这是一个什么学生？原来我以为他是个心理兼品德型的问题生，现在看来，他是一个行为习惯型的问题生，中度。他心理问题不算大，沟通不算困难，不封闭，你问什么他就说什么。他也不是多么坏，跟学校对立，跟老师对立，心机很重，不是的。他头脑不复杂，他就是家庭环境不好，社会化不够，很多习惯、生存的基本技能他不会。这样的孩子如果我们抓得好一点儿，他可能会有比较大的进步，而且他会永远记住老师对他的帮助。

涌泉：我认为教师的主要任务是：1. 研究教材。2. 研究试题。3. 研究学生。教过几年书后，因为有课标的要求，1 和 2 这个任务好做，相对于 3 它们都是死的东西，好对付。而 3 是活的，它变幻莫测，最让人头疼。在这里，王老师给了研究学生的思路，我照着做了。最大的感受就是：没有调查就不能随便下结论，不能用成人的观点认定一个学生问题背后的本质，当你和学生交谈后，会发现他所做的事背后的原因根本不是你想的那样。调查、交流是多么重要啊！

王晓春： 涌泉老师的体会挺好，要入门了。我说一下咱们的教育诊疗和心理治疗的区别。心理治疗包括成人，咱们教育诊疗基本上是针对学生的，当然，也有针对教师和针对家长的。我们的教育诊疗特点是什么？就是遇到一个问题，我们不从书本出发，就看这是怎么回事，然后就不停地追问，特别是要问本人的感觉和想法。孩子们心里怎么想的，跟咱们的估计常常根本就不是一回事，这是我在工作中犯了大量错误才总结出来的。像这个小帅，他进步了，为什么呢？因为他吃苦头了，他干活累得要死，在社会上混不下去，觉得校园还是比较温暖的地方，他就回来了。这个你要是不问的话，你绝对不知道他为什么。

问，不停地问，你就会发现有抓手，有突破口，然后就试试。可能成功，也可能不成功，不成功我再找，就这样不断地摸索。我们根本不从理念出发，理念有，但是它都融化在你的能力中。心理治疗不是这样。心理治疗必须贴标签，你这是什么病，是自闭症还是狂躁症，还是什么的。贴了标签以后你就会顺着标签往前走，然后就用心理治疗的一套办法，按照他那格式、套路，进行治疗。咱们不是这样。咱们按教育问题处理，什么手段都用，只要它是合法的，只要不违反教育原则。

我们是教育者，不是心理医生。我们跟学生的关系与心理医生跟病人的关系不一样。心理医生跟病人的关系，相对来说比咱们更平等一些，他是完全不允许干涉病人的。我们不是，我们是教育者，是领导者，有的时候我们可以给学生下命令。心理治疗你必须得自愿，必须得让他倾诉，在我们这儿有的时候是不适用的。我们一定不要忘记我们的专业特点。

案例6：跟着感觉走的小佳

❤〰️ 案例回放

　　思远道：上星期家长会之前随意和几个学生交谈时，发现小佳同学有些激动，给我的印象是非常情绪化。她反复央求我不要在家长会上提及她的考试成绩，我担心她会不会有什么心理问题。这一周的几次谈话后，以及她写的这些材料，基本上可以排除这方面的问题。初步认定她是一个普通学生，存在的问题还达不到问题生的程度。不过既然已经收集来了信息，就发在这里，听听大家有什么看法和建议。

　　小佳，八年级女生。从小和父母一起长大，父亲上班，母亲做小生意（卖手机）。她的学习是父母共同负责的。上个星期五的家长会是她妈妈来参加的。我问，你喜不喜欢自己的父母？她有些吃惊，然后说，当然喜欢。她从7岁开始学习跆拳道，现在是红带级别。学习古筝达到9级水平，还喜欢跳舞。他们班决定不参加近期学校组织的文艺会演，她深表遗憾，拿她的话说，把一个露脸的机会失掉了。她对自己的评价，性格外向，善于人际交往，和不认识的人在一起很快就会混熟了。我问，你觉得自己是一个怎样的人？她一时愣住了，最终没说出口。她的几门主课的成绩：语文 106 分，年级 139 名；数学 64 分，年级 358 名；英语 85.5 分，年级 268 名；物理 69 分，年级 398 名。上次家长会之所以要点她的名，是因为她的物理成绩偏低。她的学习成绩在班上是中等偏下，在 43 人的班级中名列 26 名。在上个星期五和她的对话中，她自己分析，之所以物理成绩低，是因为没有学透。她个人的物理成绩和他们班的平均分还差十几分呢。（注：全年级 600 人，约有 300 人能考上高中。语数外三科满分是 150 分，物理满分 120 分。）小佳同学是班长，小学六年一直当班长。班主任对她的评价是好面子，咋咋呼呼，说话太多，作为班长管束自己不够，特别是和几个男生疯闹让班主任接受不了，班主任甚至担心她有早恋倾向。班主任有心撤掉她的班长职务，又担心她因此彻底滑向学困生行列。（注：班主任是和我年龄相仿的 50 岁左右的女教师，教英语，教育观念趋于保守，已经带这个班快两年了，不是特别强势，性格平和。几乎不对学生动手。班主任还发现小佳打耳钉，首先是她向班主任反映别人存在这种现象，然后班主任发现她自己也有这种问题。）

☁️ 小佳的早期记忆

1. 两岁的时候回了一趟老家。发现笼子里有两只公鸡和 5 只母鸡，因为好奇，把一个指头放到鸡笼里，被啄了一下，突然一瞬间就闪现出一些不认识的画面，头痛。

（我问是一些什么画面？她说不知道，也许让鸡再啄一下我知道是什么画面了。我问头疼是一直疼呢，还是只当时头痛？回答只是当时头痛。）

2. 就一岁过一点，还不会说话的时候。有一个多月的时间在老家，这个月的时间除了吃饭，没有哭闹，但当我爸出差回来接我和我妈时，我哭了。

（我问：见到爸爸为什么会哭？她解释说，在老家的这一段时间她一直都很规矩，不哭不闹。可是爸爸接她的那一天她哭了。我问他是什么样的情绪导致了她的哭？她说不知道。）

☁ 词语联想

天空：云，太阳，鸟，飞翔，自由，月亮，星星，蓝色，白色。

人：男人，女人，小孩，老人，残疾人，盲人，聋哑人，名人，国家干部，明星，书法家，慈善家。

网：食物网，生态平衡，网络，软件，系统，页面，网站。

可是：猜测，人、物、事，提出假设，结论，当初的猜想不同，犹豫。

跑：人，心情有关，跑道，减少或发现所恼之事，心情平静，奔跑，感到自由。

平静：心情，水，心态，整个人，得知多重要的事，内心。

（注：词语联想写的词都比较少。没有超过 10 个的。我让她再多写几个，她考虑了半天最后说，再想不起来了。）

☁ 常做的梦

一个方形房间里面，有三个人在吃饭。父母和一个孩子。母亲在给孩子夹菜。他们邀请她入座，但她坐不下去。墙上有一幅水墨丹青，她可以穿墙而过，看到世外桃源。（这个梦是她自己突然说出来的，我并没有要求她写出最近做什么梦。这个相同的梦，她最近已经做过三次了。）

案例讨论

安安：思远道老师，从您提供的材料中，我感觉小佳这个学生有些爱慕虚荣，特别在乎别人对她的看法，对自己的评价是善于交际。她喜欢和男生打闹似乎是以这种方式向大家表达"我很善于与人交流"，其实并非如此。

思远道：小佳同学的最早记忆早至一两岁，让人怀疑。但她确认这是自己记得的。不过从内容来看，特别是第1个记忆，不可能是别人告诉她的。综合所有信息我对这个同学也有了一个初步的印象和判断，不过我想先听听大家的说法。

萌妈妈：这个小佳同学，敢挑战权威，身上有点匪气，但是她自己可能会理解成"侠气"，在同学中应该有点影响力。她喜欢聚光灯下的感觉，如果成绩不能使她成为中心，她可能会通过其他方式寻找自己的存在感。如果卸了她的班长职位，可能会导致她破罐子破摔，不光影响她自己的发展，可能还会带动一批躁动的学生。做她的引路人，要么气场上比她强大，要么知识面比她广，要么比她潮……艰苦朴素的蜡烛型老师，估计很难影响到她。她现在的班主任，好像还就是她不感冒的类型。

涌泉：我也看了小佳的资料，我觉得这孩子有点天马行空，不按套路出牌。从她的早期记忆看，鸡啄了手，头疼。她的梦中有穿墙而过，世外桃源等，说明有不切实际的幻想，是否还有对美的渴望？还有爸爸接她时委屈，不爱受约束，更渴望自由？这是个有想法的孩子。

予诺：思远道老师，看了小佳的材料，给您提供一个措施，就是辞去小佳的班长职务，毕竟，班长是需要比较优秀的孩子来担当的。可以让小佳担任宣传委员或文艺委员等，适合交际表演，对学业要求稍低的职务。我个人以为，对孩子最好的发展，是让她做适合她的事，不是把最高职务给她。

思远道：这个小佳在提取第一则记忆的时候出现闪回和头疼，很可能是当时没能抑制住创伤的感受被表达出来了。

这样的抑制和她"非常情绪化"可能有比较紧密的关系。

这个梦给我的疑惑是为什么会是"桃花源"，这种桃花源的梦经常是经历很多挫折之后中年人才有的梦。那么，她"看到"了什么，让她如此避世？

联系墙上的水墨丹青，水墨丹青一般和修养心性有关系，也许这个梦和孩子成长有关系。

可能她当下心理上有些疲劳了。

从梦不多的内容来看，可能和家庭人际关系或者哪方面呆板有关系（房子四四方方），她坐不下去，和家庭的地位身份有关系，可能是这个家庭中缺乏能够容纳她的地方，所以，她要破墙而出。

思远道：以下是我对她的一些印象。

小佳这个孩子的记忆中有非常迷茫的表现。她很容易说出的话是不知道为什么。不知道是什么画面，不知道为什么哭，不知道为什么坐不下去，让她想象自己是一个什么样的人，她一下子愣住了。

她的词语联想中，缺乏逻辑的词语跳转比较多。她重视感觉，记住了感受和画面，但不知道其中的道理是什么。她将来的发展路线应该是艺术路线。她的数学和物理成绩都是特别差的。数理逻辑这两门课她都学得不好。

下星期我再找她谈几次话，让她讲几件事。看看还能得到哪些信息。

她那个梦确实很奇怪，而且多次重复。我问她为什么坐不下去？她的回答是不知道。

我要求她至少写三则早期记忆，她只写了两则，而且说就这些印象深刻。

王晓春：小佳，一个八年级女孩。算不算问题生呢？目前看来不算，但是她有点问题。这是一个什么样的孩子？我看了这些材料以后，我的印象是，这是一个跟着感觉走的人，不怎么理性，也不喜欢思考。

她不怎么讲逻辑，但思维方式也不是特别怪异。她的词语联想大致是在一个范围内。她遇事不问为什么，好像她也不知道为什么，人家就这么活着。我们来看看她的早期记忆，这个非常重要。第一个记忆，看见几只鸡，伸手去摸，那鸡啄她一口，她就觉得头疼。没头没脑的这么一个记忆。第二个记忆，是离开爸爸一段时间，爸爸来看她，她就哭了。注意，这两个记忆反映的都是她自己的感觉，没有什么指向，好像也没什么道理。第二个记忆有点儿道理，我想爸爸了。她的梦也是很奇怪的，反映的是一种感觉。把这个早期记忆和梦联系起来，我的感觉好像有一个主题叫委屈。鸡啄了我一下，我委屈；爸爸来看我，好长时间不来，我委屈得哭了。我猜这个人可能一辈子都会经常出现委屈的情绪。

为什么说这个梦也是委屈呢？梦里一个方方的家庭，方形的，海蓝蓝老师说，这方形显得死板，有道理。里面三个人，爸爸、妈妈、一个孩子。我觉得那就是她爸爸和她妈妈。孩子坐那儿吃饭，妈妈给夹菜。然后又来一个人，她进来以后，爸妈给她让座，她"不能坐"。老师问她，你这个梦里头的人，为什么不能坐？她说不知道。就是一种情绪，一种什么情绪呢？一种既委屈又内疚的情绪。那个坐那儿吃饭，被夹菜的那个我，是她希望的我，希望爸妈那样宠着我，多好，那进来不敢坐的，也是我，是现在的我。为什么不敢坐呢？你看她成绩不佳，出风头的机会少，班长当得也不是特别顺。所以她委屈，所以她内疚。这就是她目前的心态。墙上有一幅水墨丹青，她可以穿墙而过，看到世外桃源，这个情景，我觉得反映了这个孩子日子过得不顺，她想逃避现实。但是你要注意，她是从家里逃不是从学校逃，说明现在给她带来主要压力的可能不是学校，而是家庭。她可能觉得对不起父母，或许她的父母对她施加了某种压力，请老师调查一下。总之我们可以说，这是一个有心理问题的学生，还不算心理问题生，但是将来怎样不好说。

现在我再说怎么办。我们既然了解了一个学生，光分析不成，要有对策。第一，这个学生，特别需要有人替她把事儿想清楚，说明白，因为她自己做不到，她不是个善于理性思考的人。她好像不是用概念思考的，她就是一种感觉，这种感觉她自己还说不清楚，所以她旁边应该有一个特别能理解她的心态，帮她说清楚，让她自己了解自己想法的人。她自己不了解自己。思远道老师问她，你是什么人，她说不出，我觉得这不是推托，她确实说不出来。她难以形成明确的意见，她只是有一种感觉，可能一辈子就是这样。如果她长大以后能够找到一个头脑特别清楚的丈夫，那她就很幸福了，有人经常帮她理顺思想，帮她想清楚，她做事就会比较顺利。她的班主任能不能做到这一点，我表示怀疑。希望思远道老师经常跟她谈谈，帮她梳理一下，你是这么想的，她就知道了。

第二个任务是要想办法消除她的内疚。她现在觉得对不起爸妈。可能爸妈对她期望值比较高，小学时候比较顺，现在力不从心了，走下坡路，所以她那么强烈地要求，千万别在家长会上透露她的物理成绩什么的。应该告诉她：你的那个思维方式和你的知识特点，决定了你有些科目学起来会比较困难，你尽量地学，努力了就可以了，能做到什么程度算什么程度，我们会帮你做做父母的工作，你不要内疚。

第三，就是帮她安排未来。这孩子，如果你问她将来打算从事什么职业，做什么工作的话，有两种可能。一种可能，她说我不知道，那就跟她糊里糊涂的活法是一致的。如果她知道自己将来要干什么，那又有两种可能，一种是她听了别人的话，别人告诉她适合干什么，她信了。还有一种可能是她自个儿想过，但她也不是理性思考的，就觉得这事儿我喜欢，跟着感觉走。有的老师说她将来适合做文艺工作，我觉得有可能，她肯定不是理科生，至于做文艺工作是不是合适，我觉得可以试一试。还有就是和人打交道的一些事情，社会性的工作，她或许可以做。有一个理想，就可以推动她前进。

第四，不要撤她的班长。予诺老师说这个孩子不是当班长的材料，我觉得有道理。目前咱们看到的她的性格，不是领袖之才，不是那种能主管一摊事，独立做主的人，但是你要让她张罗点儿事可能还行，做个副手什么的，还是可以。所以我的意见，别撤她的班长，但有些工作可以挪给别人去做，有些组织性的、需要思考的、需要统筹安排的事，她可能不擅长，可能只善于咋呼，张罗。这也有用，这也是人才。你要把她班长撤了，打击太大，容易出现心理问题，她挺虚荣的，给她撤了，可能后果不好。

🌥 后续调查

思远道： 利用一个大课间之际，我和她谈了一次。另有两个女生陪在旁边。只约她一个人谈话，她有点紧张，不自然不放松。她似乎觉得老师和她谈这些问题，会让别人觉得她的心理是不是出现了什么问题（因为她和班主任流露过这种情绪），对此事她很在意。

下面是我的调查和她的回答：

1. 做梦之前的那些天发生了什么让你挂在心里的事吗？

她说惦记网上买衣服的事，好像是从两件衣服里面选择哪一件。

2. 说说让你焦虑的事？

她回答，目前没有让她焦虑的事。

3. 你小学成绩如何？明显看出来这一问题使她的情绪提高了。

她充满自信地说小学她没有出过班级前 10 名。

4. 你感觉从小学到现在父母对你的态度有没有什么变化？

她不是很确定地回答，没有吧。

5. 你对自己将来有什么安排？

回答是：要么走特长，要么就文化课，父母说两条路哪一条行得通就走哪一条。

我告诉她我还想抽空和她的父母聊一聊，她对此有些担心。班主任告诉我放学的时候她妈妈经常到学校来接她。

王老师提出的一个疑惑目前还没有办法去证实。为什么这个孩子只记得一岁两岁的事情？如果不从父母或者班主任这里调查，暂时就没办法查到这孩子家庭的关系，比如是不是亲生的。

☁ 总结反思

通过和大家在一起分析讨论，我对小佳同学的认识明显变得清晰了。这孩子的数学、物理成绩不好不是偶然的，和她天生的思维方式、性格有必然的关系。这样看来在家长会上对她的点名就显得不科学。

王老师对这个孩子的性格特点分析得非常准确。她不喜欢思考，不理性分析，不善于逻辑，也不提为什么的问题。从她在课堂回答问题能明显感觉出来这一点。本来像这样跟着感觉走的孩子，感觉应该灵敏，可惜她感觉不到自己内心的情绪是何种原因产生的。由于成绩不好产生的委屈感愧疚感她自己是无法知觉的，班主任对她作为班长的一些批评她只会感受到委屈而不会再获得其他的认识和发现。

我已经给班主任建议不要撤销她的班长职务。把王老师的建议转达到了班主任那里，对于班级管理的某些事情可以让其他班委成员来安排组织。尤其是她成绩不好的现状和她的性格思维方式有关，不能强求，不能对她施加更多的压力。这一看法要转达到她父母那里。因为这个孩子承受的压力主要来自家庭。这个孩子的梦显示的逃离也是从家里逃离。

结合对她的认识，上个星期五一节物理课上出现的情况我就有了新的态度和处理方法。在课堂上她趴在那里睡觉，我问了她一个问题，她不是特别清楚，在别人的提示下勉强回答正确。下课后我询问详细原因，她说有点感冒低烧，不舒服，说这几句话的时候显示出自己意识不到的委屈状。我安慰她之后不再对她提出批评。

对于这个孩子将来可能走艺术之路，班主任是不了解的，其他科任老师也不了解。这需要我来提醒大家。如果能对每个孩子有这样一个大致的了解，我们就能随时掌握孩子的各种变化，即使要解决什么问题也容易找到下手的切入点而不再盲目，这就是我们分析讨论的意义所在。至少面对学生出现的问题我们会少一些盲目的说教。

王晓春：感谢思远道老师的总结和反馈。小佳这个孩子可能比较适合于经常有人帮她整理思维，她可能自己怎么想的，自己也说不清楚，甚至她是什么感觉，也未必能说得清楚。你看她提起小学就兴奋，早期记忆也特别早，这两个现象可能是有内在联系的，但是她自己可能感觉不到，这可能就是一种本能。总之她现在实际上心情不太好，但是她可能连自己心情不太好这件事儿都没有想得特别清楚。她应该是有失落感的。这孩子很有意思，所以她就适合旁边有一个朋友，经常在她遇到事儿的时候替她说出几种感觉，让她来认领。这件事，你是生气呢？还是伤心呢？还是遗憾呢？帮她摆几种情况，让她认定。你看她的未来，可能走特长，也可能走一般的考试，但是她没想清楚自己的特长是什么，就得帮她想，你这两条路哪条路对你来说更好，走哪条路对你来说将来更有利一些。她好像都没有这种分析的习惯和能力，这就需要有人帮着做。这件事，请告诉她的家长，希望她旁边有个比较有见识的朋友，亲戚也可以。这是比较麻烦的一件事。她的老师有没有这个精力，有没有这个能力，这我就不太清楚了。

案例7：中规中矩的小翔

🫀 案例回放

思远道：小翔，八年级男生，学习成绩中等。在期中考试时，语文101分，英语53分，数学95分，物理81分，政治62分，历史75分（语数外满分150，物理满分120，其他满分100分），各方面表现中规中矩。请大家分析一下这个孩子有什么特点，如果要施教，应该注意什么？

☁ 早期记忆

1. 幼儿园第一天上学时没哭，第二天去的时候，我站在校门口不知道为什么哭了，在门口，好久不进去。最后好像是被三个幼儿园老师弄进去了，有一个是我班上的老师，剩下的一个都不记得了。

2. 在幼儿园的时候，有一次喝药，外面刮起了风，班上的窗户没有关，于是树叶吹到了我喝药的杯子里。剩下的我就实在想不起来了。

3. 有一次我迟到了，我到时同学们都在吃早饭，那天吃的是稀饭。我的家长在和老师说话，我一直看着别人手中的稀饭，她拿着勺子，一勺一勺地挖着吃。

☁ 词语联想

天空：鸟，树，苹果，种子，土地，地壳，地幔，地球，太阳，木星，金星，海王星，柯伊伯带，银河系。

人：树，书，树的影子，草地，马，奔跑的狮子，鹿，大象，羊群，小山包。

网：蜘蛛，猪，食物，麦子，田地，一群人在收麦子，母亲，父亲，小孩，汽车，城市红绿灯，人行道，隧道，火箭，卫星，空间站。

可是：可乐，汽水，芬达，雪碧，火锅店，九宫格，鸳鸯锅，毛肚，年糕，粉条，鸭血煲，跑道，人，赛场，鸣枪，跨栏，刘翔，国家，亚洲，欧洲，非洲，北美洲，南美洲。

平静：黑暗，椅子，人，大脑，思考，量子，分子，中子，原子，强相互作用。

☁ 全家福和五项图

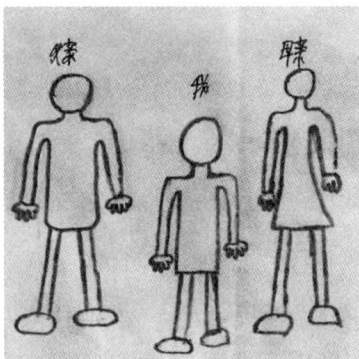

☁ 王老师对小翔的看法

王晓春老师对小翔印象最深的是词语联想中很多无情感色彩的词语或者说情感色彩不浓。人际关系的词语基本上没有，词语联想中基本上都是名词：地点，东西等，都是物，并且这些名词有不少都体现很强的动感。后来王老师又补充了这孩子词语中一个更突出的特点，空间感很强，词语中出现了大批的空间概念，似乎有一种冲动要从一个口穿过去，好像他喜欢空旷的地方，这和五项图中透明的房子有关联。王老师又把这个印象和早期记忆中校门口和窗口进行了联系。

王老师补充的后面这两点我都没有注意到。我希望借助于电话问一下一些问题：为什么房子是透明的？是教室，是家，还是一种想象或者感觉？以此来看他的认知方向。为什么朋友在爬树？树叶吹到我喝药的杯子里边，当时有什么感觉？是好奇还是别的？看到别的孩子一勺一勺地吃稀饭，自己是羡慕想吃，还是有别的什么？不通过询问当事者无法验证所有上述的猜想。

☁ 我对小翔的早期记忆的猜想

他的三则记忆中都隐含着一个没有表达出来的含义，那就是好奇。只不过他的好奇之后跟着的是不理解，而不是去探究。第一天没哭（不知道为什么没哭），第二天不知道为什么哭了（是被别的孩子的哭声感染了还是怎么的，反正他不知道）。被几个老师弄进去之后好像也没怎么的。第二则记忆，一片树叶从窗户外面飘进来，怎么落到我的杯子里了？这看起来太神奇了，树叶的飘落过程缓慢而轨迹复杂易变，我猜想他还是好奇怎么这么巧。第三则记忆，自己迟到了，别的孩子都已经吃早饭了，看着别的小孩一勺一勺地吃，那会是什么味道？是不是特别好吃啊？饥饿的人经常能目不转睛地盯着别人一口一口把一碗饭吃完，有一种眼巴巴的感觉。我想应该是好奇加羡慕吧，或者说比较馋吧。

如果是这样猜想，那么后期的词语分析，就都朝着好奇的方向去观察了。

经过我再次催促，小翔终于把电话打来了。

问：第1则记忆中，幼儿园第一天上学你没有哭，那别的孩子哭没哭？

答：第1天别的孩子哭，我没有哭。第二天，别的孩子没有哭，而我不知道为什么哭了，就我一个哭了。

问：树叶吹到杯子里边，你什么感觉？

答：就觉得奇怪。

问：看着别人一勺一勺地吃稀饭，你有什么感觉？

答：就想吃。

问：五项图里面的房子为什么是透明的？

答：这是我的想象。

问：朋友为什么在爬树？

答：去摘果子。

问：家里边的情况怎么样？

答：爸爸在机车厂开火车，妈妈是打工的。

问：放假这几天在干什么？

答：就是看电视，玩玩具。

问：喜欢画画吗？

答：不怎么喜欢，但是喜欢想象一些画面。

王晓春：看到思远道老师提供的新材料，我又思考了一阵，小翔这个案例，我觉得我基本上形成了一个逻辑网，能包住了，有没有漏洞，我还不敢保证，不过现在大体上形成了一个初步的想法，我把它概括地说一下。

咱们先说小翔是个什么样的孩子。这个孩子在个性上有一点是比较突出的，就是他情感方面比较钝，有点木，起伏小，喜怒哀乐不明显。在思维方面，我认为有两个特点，一个是他的思维动感很强，再一个是空间感很强。他的早期记忆和词语联想都很有动感，很有空间感。你看那早期记忆，第一则，突出了幼儿园的门口，里面外面。第二则喝药，外面刮起了风，有一片树叶从窗户飞进来，飞进一个空间，飞是个动作。第三则，吃早饭。说的是"我"到的时候，同学们都在吃早饭，吃稀饭，"我"的家长和老师在外面说话，"我"在里面看着一勺一勺挖着吃，里面外面是空间，吃是动作。早期记忆都有动感和空间感，但是你注意，他的动感，不是自己动，而是看别人动。

他画的五项图，自己在屋里静静地坐着看书，外面是动的，一个朋友往树上爬，要摘果子吃。实际五项图这个爬树的孩子，跟他早期记忆里吃稀粥的孩子，作用是一样的，模式是一样的。总之是我看别人动。他的词语联想的动感基本上都是这种情况。

我看到思远道老师提供的新情况，他爸爸是个火车司机，我就乐了。火车司机的工作方式最突出的就是两点，一个是动感，一个是空间感。对不对呀？火车是主动往前开的，但是因为相互运动，司机看到的是周围的人和物往后移动。这个非常有意思，我搞不清这个是什么关系。有可能小翔父亲因为做司机，他的生活方式，他的语言影响了孩子，因此孩子也形成这样的思维方式，也有可能是遗传，其父小的时候也类似这样的人，所以最后选择了司机这个职业。也有可能是影响和遗传相互作用的结果。我记得曾经说过，感觉小翔似乎有一种冲动，要从什么出口穿出去。这是我的主观想法，证据不足，早期记忆和词语联想都有点儿证据，证据都不足，等我看他爸爸是司机以后，我就觉得这还真有点像，因为司机就是做这事的，他从一站穿过去，到另一站。这种思维，跟小翔的思维方式有相似之处。

那么教育这个孩子应该注意什么呢？目前我想到的是这样几点。一个是，动之以情的方式对他可能效果不好，所以当老师在前面进行励志教育或者是情感教育，如果他没有反应，你不要批评他，因为他就是这样一个人，别冤枉孩子。我见很多老师，遇到这种情况会指责说："人家都感动了，就你无动于衷！"不要这样，人跟人是不一样的。

小翔将来适合朝哪个方向发展呢？这我看得不太清楚，但是他不适合向哪个方向发展，我有点想法。我认为他将来不适合探究式或研究式的思考型的工作，因为他缺乏这方面的素养。反思性的工作他也不太适合，因为他的性格不是内向的，他是外向的，他喜欢观察别人的动作。他好像也不太适合社会性特别强的工作。这孩子很奇怪，他比较外向，但是不太适合做人际交往的工作，这是另一种外向。还有，因为他情感方面比较钝，所以他不太适合文艺性的工作。至于他适合做什么，思远道老师可以问一下他有什么理想，看看他的选择，跟咱们的估计像不像。或许他将来会选择一些视野比较开阔、空间感比较强或者是跟吃有关的工作，因为他是比较馋的，看人喝稀粥摘苹果，他很馋。这个孩子总的教育方针，我主张不要太积极，因为可能没什么效果。他的表现中规中矩，我觉得这是合理的。

现在我来回应一下几位老师的看法。关注体验老师比较强调这个孩子善于观察周围，作出反应。关注体验老师有个意见我是赞成的，就是这孩子比较外向，内心活动不明显。内向的人主要特点就是观察自己，内心活动特别明显，这孩子显然不是。但是关注体验老师说这孩子通过观察，做出自己的反应，这点我不太赞成，因为这孩子不是观察外面然后自己调整自己那种，他是比较被动的。你看他第一个早期记忆，人家都哭，我不哭，人家不哭，我倒哭了。为什么这样？他不感兴趣，他也不是说要调整一下，以后我不哭了，没有这个意向。只是这件事有点新鲜，他就记住了。第二个记忆，吃药，树叶落在杯子里了，觉得很新奇。这里没有什么反应，他不是因此调整自己行动。第三则，吃稀粥，也是他看别人吃。

思远道老师认为孩子好奇。好奇心有没有呢？有，但是我觉得他的好奇特点是被动的。他不是那种探究式、钻研式、主动发现式的好奇，而是那种有点新鲜事，我就记住了，也就这样。萌妈妈老师说，这孩子佛系，还真不是没道理。这孩子，他就在那儿静静地看着别人，馋归馋，没见他有什么行动，所以他是比较被动的，有某种佛系的特点。萌妈妈还说他懒，懒不懒我不敢说，因为材料不足。总而言之，白老师、思远道老师和萌妈妈老师都正确地看到了一些东西，有的地方我赞成，有的不赞成。现在这个案例，就我个人来说，大体上形成了完整的认识。

思远道：通过王老师的分析，我也对这个孩子有了一种全新的认识。我教了他一年物理课，现在想想这个孩子的表情变化比较少，今天和他通话的时候我还特意让他自拍一张照片发给我。他不属于表情丰富的那类孩子。他所在的这个班级属于特别活跃的，只要稍微一引就会有说的，有笑的，有闹的，很容易受到语言的激发而活跃得不可收拾，但这个孩子无动于衷。课堂发言他不积极，但也没做错过什么，我一般提的问题他也能答上。

我还不能系统地看问题，就是王老师强调的不能形成逻辑链、逻辑网。判断一个人更容易看到一些面，一些点，看不到点和面的背后起支配作用的核心规律，这方面的直觉不敏锐。在小翔的案例里边，我没有觉察到这个孩子对空间变化的敏感和动感的词汇丰富，正因如此，当他说他爸爸是火车司机的时候我犹豫了一下，我问他在哪个厂，这孩子又说是在机车厂里边工作。我对火车司机没有任何感觉。如果王老师的判断准确的话，我倒认为这个孩子将来适合开火车或大吊车，自己坐在操控室里边，按着他的意愿吊起货物，把它转移到合适的地方，他可以看着吊臂一下一下地吊起重物。或者子从父业当一个火车司机或者地铁司机，或者大货车司机也行。

德国作家赫尔曼·黑塞说，人性就像洋葱，剥掉一层还有一层。普通人很容易像盲人摸象一样只摸到大象的某一个侧面，对不对呢？当然对。但仅凭一个侧面还不能形成对象的整体的认识把握。只有把各个面组合起来，形成逻辑网，才能形成一个整体认识。每一个人平常显示给别人的也只是某些面相或者某些特点，甚至还特意隐藏了某些面相，而普通人恰好就是那种知人知面难知心的认知能力。因此，学习心理学也好，在这里诊疗也好，就是要锻炼我们的认知能力。

☁ 对小翔信息的一点补充

问：你将来想干什么？或者说你认为自己将来适合干什么？希望你思考一下之后给我回复。

答：我想做一个对人类有贡献的科学家！

答案有点出乎所料。

记得一年前我第一次走进他们班教室的时候，我问全班同学，喜不喜欢科学，有没有同学喜欢将来当一个科学家？喜欢科学的同学很多，但喜欢当科学家的同学一个也没有。这是我当时课堂随机调查的结论。

一年后的今天，竟然有一个同学说想当科学家。

王晓春：关于小翔这个案例，我又有了点想法，说出来供大家参考。我发现小翔的空间感有个特点，他总习惯于把两个空间贯通，他不是在一个空间里头思考。他第一个早期记忆是校门内和校门外通着的，第二个窗内窗外是通着的，窗户没关，树叶吹进来，掉到喝药的杯子里。第三个最有意思："有一次我迟到了，我到时同学们都在吃早饭，那天吃的是稀饭。我的家长在和老师说话，我一直看着别人手中的稀饭，她拿着勺子，一勺一勺地挖着吃。"这其实还是两个空间，一个是我的家长和老师一块儿在干什么，一个是我在这儿干什么，我在看人吃稀饭。其实要从叙述的角度来说，"我的家长和老师在说话"这句完全没用，我就说那天吃稀饭，就一直看着她吃稀饭，我很馋，不就完了吗？不行，他必须得把那部分人交代一下，跟我这边贯穿起来。

联想到五项图，你就明白他那房子为什么是透明的了，他要把室内的空间和室外的空间贯通。你看他这个房子，前后两个窗户，跟外面是通着的。有两点比较有趣，一个是房子没有门，他说他是想象中的房子，可见不是真实的房子，是他的一种感觉。为什么他不画门，我还没想清楚。房间前面窗户有窗帘儿，后面窗户没有，而他面朝前面那个窗子在看书。有一种感觉，就是我要观察外界的时候，我可以观察，不想观察，我就把窗帘挂上。你看他自己坐在桌子前面，中规中矩地在那儿坐着看书，这可能是他的外部行为的一种描述，他人就是这样。但是他的心呢，要往外飞，眼睛往外看。他这人像是一个观察者，这是我的新体会。

　　有的老师可能要问，你研究这么细致有意思吗？有用处吗？有意思，有用处。了解与不了解就是不一样。如果我们对他的了解正确的话，那么这个孩子你用动之以情的教育方式教他，效果可能是不好的，但晓之以理可能会有用。而你在跟他做重要谈话的时候，可能你在一个比较空旷的地方，视野宽阔的地方，效果会比狭窄的地方好。如果非在屋子里谈不可，你坐在窗边跟他谈，窗户打开，效果可能比其他要好。这很微妙，但可能确实如此。我们都有这种生活的经验，我们在一个屋子里，坐在某个座位上，可能就觉得比较舒服，坐在另一个座位上就觉着不对劲，浑身别扭，又说不出道理。这就是你的个性的某些特点在潜意识里起作用。这样的话，我们的教育就会更有针对性，你就可以少冒很多傻气，少做很多无用功，你的效率就比别人高。这就是专家型教师和一般老师的区别。我觉得在可预见的将来，至少百年之内吧，在中小学，研究型的教师不会是多数，但这是方向。这种人很少，但起的作用是非常大的，我们就希望培养出一些这样的老师来。

　　还有，这种人格分析，能指导他的职业选择。一个人如果选了适合自己禀赋的职业，那他的生活是比较快乐的，质量高，幸福感要强。反之，如果你做的工作不符合你的禀赋，那工作对你来说就只是挣钱的一种营生，你在工作中就体会不了多少快乐。你只能在工作业绩比较好的时候，发工资的时候能体会到快乐。这生活质量就差太多了。比如我观察到，有些人其实不适合做中小学老师，他们过得很烦躁，但是也很努力，有的甚至还得了好多奖状，被评为优秀教师。最近有一个辱骂学生的老师，不就是优秀教师吗？我怀疑他就是这样的人，他的性格不适合做老师，但是既然干这个事儿，他就拼命地干，然后业绩就很突出，实际上他生活得并不幸福。他应该去做别的工作。

我们再回来说小翔。他适合做什么工作呢？目前我们不好说。刚才思远道老师说调查了，说小翔想当科学家。这非常有趣。这有可能是他对自己不算太了解，但是也有可能他觉得自己的某些特点是适合当科学家的。所以我就主张思远道老师不妨追问小翔两个问题。第一个，你想当哪一类科学家，研究哪一类科学？第二，你觉得你身上有哪些特点是适合当科学家的？他自己或许有想法，我们再一起分析。他的想法较符合他的实际，也是可能的。比如说我就想，科学家有很多种，有的科学家是以分析思考为主，有的是以观察为主。他如果当观察型的科学家，我觉得也不是完全不靠谱。比如说做天文学家，我就专门找星星，找黑洞，他做这事也许挺适合的。所以我们不要着急做结论，我们要随时准备修正自己所做的结论，要把事情尽可能地搞清楚，思远道老师这种刨根问底的研究心态是非常好的。

思远道：下面是小翔对两个问题的回答：

问：第一，你想当哪一类科学家？研究哪一类科学？第二，你身上的哪些特点适合当科学家？

答：第一，研究太空电梯和远程无线输电。第二，我理科学得还行。

研究太空电梯是为了让人类用更方便的方式上太空，而不是用火箭。远程无线输电是为了无须再用电线来输电。

王晓春：思远道老师又提供了一个新情况。这个孩子的理想是研究太空电梯和远程无线输电。你注意这两个项目，都是远程的，都是空间的，都是动态的，都有穿越感。可见人真的是不会违背自己的本能，不会违背自己的人格秉性。不过，我对这个学生的思维能力评价不算高，也可能是我失误了，这需要理科老师来评价。但也可能我的判断是对的，那这个学生实现理想的可能就要打折扣。他还小，我们祝愿他好梦成真，不要打击他。像我这种判断，不要告诉他，让他自己努力，这样他即使实现不了理想，也能提高自己的素质，在其他类似的不违背他本人禀赋的行业中，收获幸福。

思远道：我能感觉出来，王老师在研究过程中始终充满兴趣，充满好奇心，而群里边的很多老师似乎对此并没有什么兴趣。

记得陈嘉映教授讲过一段令我印象深刻的话，大概的意思是中国人自古因为理性而不屑于构建理论，久而久之最后反而不具有构建理论的能力。所以今天的中国文化人以随笔见长。

很多老师对学生的问题也是如此。一开始是嫌麻烦不去研究学生，时间久了反而不能研究学生，缺乏研究的能力，能力是长期练出来的。

王晓春：思远道老师称赞我对这个工作充满兴趣，这是真的。我研究问题生教育，与其说是工作，不如说是生活，我脑子天天都在转，就跟游戏一样，这对我来说是个乐趣。一个人的乐趣，同时又能够对社会有点贡献，真是太幸福了。我的感觉就是这样。另外有一点我跟大家强调一下，我发现真正喜欢学习，真正对学习有兴趣的人，爱学习的人，都不乐意逼别人学习。你知道为什么吗？因为他知道自个儿不是逼出来的，他有切身体会。我就不是任何人逼出来的，没有人指点过我。我就是自己慢慢摸索过来的，所以我不太相信逼迫。可是我非常遗憾地说，现在多数的校长和老师，他们的主要精力不是用在自己学习，而是用来迫使别人学习上。我可以判断这些人其实是不爱学习的人，一个不逼迫就不学习的人，以己度人，就会以为学生也是不逼不学。

　　真爱学习的人，真爱学习的老师，他也给学生布置作业，他也检查，他也督促，但是你会发现他骨子里不跟学生较劲。看起来这种人像是不负责任，其实不一定是。有的人确实不负责任，然而像我，有时候对学生要求不怎么高，不会也就得了，我不是不负责任，我知道这事儿逼不出来，你能逼上去一两分，但可能会伤害他更多的东西。我赞成素质教育，就是因为应试这东西，你逼太紧了，是毁人的。

案例 8：懂事的小露

案例回放

　　八年级女生，父母做生意，她还有一个哥哥。成绩班级第 10 名，语文 128 分，数学 109 分，英语 107 分，物理 90 分，政治 76 分，历史 93 分。在班上属于比较活泼、外向开朗的学生。这个孩子有什么特点？将来的发展应该向什么方向努力？

早期记忆

　　1. 四岁时去游乐园玩，有一个叫小火车的游乐设施，我因为调皮掉进小火车的轨道上，被小火车压住了，最后是工作人员及时赶到把小火车逼停了，我才没事儿。

　　2. 五岁时，我收到了一个生日礼物，是一个玩具熊，比我人都要高，是我爸爸买给我的。

　　3. 七岁半，第一天去小学，因为户口问题，比其他人都晚了几天，当时很害怕，很想哭。

词语联想

天空：小鸟，飞翔，自由，翅膀，羽毛，很软，云朵，很白，棉花糖，很甜。

人：生活，压力，赚钱，职业，厨师，刀工，豆腐，脆弱，心灵，美好。

网：网络，发达，科技，进步，迅速，方便，快捷，强盛，中国，强大。

可是：犹豫，不确定，模棱两可，模糊，玻璃，下雨，湿润，泥泞，脏的，灰尘。

跑：脚，袜子，鞋子，质量，诚信，美德，传统，文化，艺术，戏曲，历史悠久。

平静：水平，清澈，眸子，纯洁，白色，短袖，夏天，炎热，雪糕，香甜。

书：文字，墨水，黑色，头发，发丝，很细，很多，龙须糖，美食，厨师。

数学：很难，不会，想哭，哭泣，眼泪，透镜，折射，色散，物理，密度。

全家福和五项图

案例讨论

萌妈妈：父母举着的是房子车子什么的吗？

思远道：很明显是这意思，房子车子钱袋子。这个孩子的全家福，早期记忆具有明显一致性。

晨曦：对小露的个性特点，我的初步分析。

1. 注重内心感受，情感丰富细腻。

早期记忆1，记得的也许是她人生中的第一次遇险，我猜想那应该是非常害怕的感觉。早期记忆2，也许是她人生中收到的第一个特别的生日礼物，我猜想那应该是很惊喜开心的感觉。早期记忆3，第一次到学校，因为晚了几天，很害怕的感觉。

她的词语联想：数学，很难，不会，想哭，哭泣，眼泪。这应该是她面对数学难题时的真实心态吧。

2. 社会化程度高，比较"懂事"。

她的全家福非常有特点，整合得也比较好，父母举着工作和压力，上面又是房子、车子和票子。她的词语联想：人，生活，压力，赚钱。

这些也许都说明了她的"懂事"，小小年纪，心态已经迈向社会化。这样的孩子，学习压力应该也会很大，也应该很勤奋，很在乎自己在集体中的地位及别人的评价。

一个疑问：小露和爷爷的关系如何？五项图中是她和爷爷，而且应该是互相走向对方，非常美好的互动，也许爷爷是她的重要家人？

五项图中好像画的是：小露把书放在身后，然后自己奔向爷爷。

这是否可以说明小露重视情感的获得高于她对学习的渴望？她现在第十名的好成绩的学习动力主要是来自外界的压力？

我们再来看小露的词语联想：

很软，很白，很甜，湿润，白色，炎热，香甜，黑色，很细，美食，厨师（出现两次）。

这些词分别涉及触觉、视觉、味觉，这是否说明她是感觉型的女孩？类似厨师这样的职业是否适合她？

萌妈妈：对小露同学的主要判断：1. 心思细腻，敏感，体谅父母，心态健康。从词语联想里看，出现了不少细腻柔软的词语。全家福里父母扛着家庭的担子。2. 好胜心强，不甘落后。早期记忆里爸爸买的玩具比她自己都高，报到迟了而哭泣。词语联想里数学学不好着急。3. 享受被宠爱的滋味，有点公主心。工作人员拦住了小火车，她获救了。父亲买了玩具，她开心。奔着扑向爷爷。

这个娃娃，是不是会开个奶茶店或者甜点店呢？

王晓春：我想知道她的两张图为何用剪影的表达方式，这是反映了她的某种人格特征或心态，还是与她父母的职业有关？

思远道：我猜想可能是她喜欢这种诗情画意的图像风格。但是也有可能是别的原因。

晨曦：我的看法是：很有可能就是如思远道老师所说的那样，她喜欢这种诗情画意的风格。那么，她为什么会喜欢这种风格呢？也许跟她内心情感丰富细腻的个性有关。

思远道：陈锡老师和赵老师对小露的分析都很有道理。

特别是陈老师的分析，我基本上是认可的。从早期记忆和词语联想可以看出这个孩子特别懂事，对别人的帮助有感激之情，对爸爸也有感激之情。词语联想中能看出她情感细腻的地方，能自然地流露出自己的情感，真实地表达出自己的情感，说明她的成长环境非常好。

217

在她的意识里边有成年人，长辈，且都是正面形象。能体会到大人的辛苦和不易。

她的词语联想表现出了良好的发展性，有一定的灵活性，而且能轻易突破限制，也就是这孩子脑子还是比较灵活的。比如词语中出现的不确定、模棱两可、模糊、玻璃、黑色、墨水、眼泪、透明、折射。

老师和这个孩子交往也能感觉出来比较大方，自然，活泼，敢于表达自己的想法。

从对小翔的讨论中，我发现如果在假期要是讨论学生，必须要能有和同学取得联系的手段，否则讨论就可能陷于停滞。

对比小翔和小露这两个案例，会发现有些孩子的性格、思维、行为特点比较容易看懂，从词语联想和早期记忆中能明白无误地显示出来，而另一些孩子（比如小翔）有可能就特别难以读懂，因为这些孩子的思维非常特别。

王晓春：这个孩子挺有意思。她给人最突出的印象，一个是阳光、温暖，一个就是懂事。她懂事懂到什么程度？懂到让人有点疑心，这孩子怎么这么懂事啊？是不是有点儿问题呀？所以，萌妈妈老师就怀疑她虚荣，关注体验老师就怀疑她可能有另一面，藏着呢。我也不是完全没有疑问，可是目前我还真找不到比较有力的证据，证明她有多少负面的东西，我不敢保证没有，但是目前证据不足。这是一个很正能量的孩子。

我就琢磨这孩子怎么如此有正能量呢？想来想去，发现了这么一个特点，这种特点是在我以前分析其他孩子中很少见到的，就是这孩子性格和思维都比较均衡。你看她，从早期记忆、词语联想、五项图来看，她既浪漫又现实，既感性又理智，既细腻又有大格局。这真是比较少见的。她的词语联想，里面有非常细腻的，涉及感官的视觉、嗅觉、味觉，但是也有大词。文科的词语偏多，但是科技词语也有。这是装不出来的。这个孩子很奇怪，一般像她这个年龄的孩子是要走极端的，她却比较中庸。有的老师说她将来成绩会下降，我觉得到高中以后她理科可能会遇到些问题，但是不太可能影响她的发展，因为她的职业道路挺宽的。她可以搞文学、美术、音乐，也可以搞餐饮。她自己的愿望是当老师，可以的。我觉得她也能做行政工作。她的未来，我觉得由她自己把握就可以了。

各位注意到没有，她的早期记忆有个特点，就是她的人际关系纵向为多，没怎么说跟小伙伴的关系。这五项图里面另一个人是爷爷，这也是很少见的。我见过很多很多五项图，那另外一个人基本上都画的是朋友，同龄人，很少有画长辈的。说明她对纵向的人际关系比较在意，这种人搞行政工作是比较合适的，因为行政的主要特点就是纵向关系，服从上级领导，能够领导下级。这个孩子长大以后，到一定年龄，如果谈婚论嫁的话，我怀疑她会找一个年龄比她大比较多的男士，或者是相反，找一个比她年龄小得比较多的小伙，让她在纵向上有感觉。

总之这个孩子，目前我没看出更多的负面问题，我们也不需要太多地干预。我觉得应该跟她说：你搞得不错，你就按你自己的想法接着办就是了，有什么需要帮忙的地方可以来找我们。这是一个不错的孩子，她的潜能可能还是比较大的，但是她的潜能不在理科。目前我就是这样一些看法。

这是一个非诊疗的、体检型的案例，小露不是问题生，也不是有问题的学生。

案例9：小帆的学习成绩还能提高吗？

♥ 案例回放

Yanghaijian：小帆是我们八（3）班很优秀的男生，守纪律，踏实能干，学习成绩也很棒，每次期中期末考试成绩班级总分第一，年级20名左右，遗憾仅有一次进年级前十名。七年级班主任曾评价小帆，学习很踏实，但不是很聪明。虽朝夕相处一年，可我并不清楚小帆的潜力和发展后劲如何。前天，我打电话通知小帆来我家（我们一个小区居住），采集了他的早期记忆和词语联想、全家福、五项图，了解了关于他的一些情况：三岁前和妈妈在一起，三岁后，和爷爷奶奶在一起，爸爸妈妈外出打工，6岁后一家人搬到城里生活，还有一个上小学的妹妹。

♡ 早期记忆

1. 小时候，奶奶抱着我在老家的镜子前面玩，我拿着奶瓶，很好奇镜子里的人是谁。

2. 和一些比我大的孩子们玩儿，在村子里跑来跑去，渴了就回家，拿爷爷喝酒的杯子倒上井水，和他们当作酒来喝，把院子里弄得全是水。

3. 爷爷带着我去邻村的朋友家，骑着自行车，后面带一箱酒，爷爷骑着车，我坐在酒箱上。到爷爷朋友家，我在门口玩，一个小弟弟在睡觉，他姐姐捂着弟弟的眼睛，我问她为什么捂眼睛，她说太阳光会把眼照瞎，我又问为什么，她说有紫外线，我又思考起来：为什么紫外线对眼睛有害。

词语联想

天空：高远，湛蓝，白云，广阔，太阳，晴朗，阳光，蔚蓝，海洋，乌云，雨水，苍穹，自由，神秘，光线，阴沉，宇宙，神州，共享。

人：生命，生物，动物，男人，女人，老幼，神圣，自尊，自爱，自然，脆弱，部分，高等，统治者，智慧，潜力，一次，价值，珍惜。

跑：运动，体育，田径，考试，锻炼，健康，长跑，短跑，生活，保障，跳，腿疼，抗拒，劳累，提神，调节，态度，方式，适量。

网：天罗地网，互联网，编织，一网打尽，正义，法律，套路，渔网，撒网，收网，网络，多义，捕捉，成果，用心良苦，绞尽脑汁，蜘蛛，达到目的，工具。

可是：转折，但是，凶兆，日常用语，反转，主观，叙述，事实，难言之隐，悲伤，颠覆，卖关子，无奈，一人，简单，出乎意料，虽然，懊悔，句子。

平静：心理，状态，祥和，图书馆，不为所动，书籍，浮躁，自习，最好，静谧，学习，偶尔，短暂，觉悟，感受，心理素质，独自，音乐，适宜。

全家福和五项图

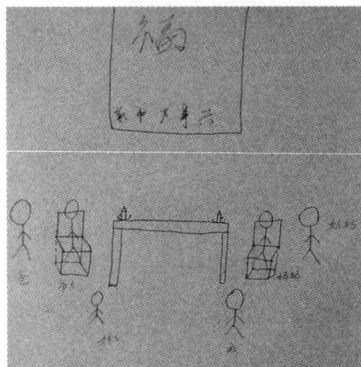

注：爷爷奶奶坐在桌子两侧，爸爸妈妈各站在爷爷奶奶两旁，我和妹妹在前面嬉戏。

注：我在树下看书，爷爷在客厅看电视，小帆说不会画电视，所以图上没有画；奶奶在厨房做饭。

我的看法：这三则早期记忆可以看出小帆有很强的好奇心，喜欢刨根问底，这是很难得的。小帆的早期记忆出现奶奶 1 次，爷爷 3 次，且全家福和五项图都出现了爷爷奶奶，可看出爷爷奶奶在他心中的重要位置，要想了解小帆，需要了解小帆的爷爷奶奶。从人际关系看，小帆侧重纵向的人际关系，在校比较听老师的话，在家听父母的话。从五项图中，小帆对房子屋里的摆设、房间结构很注意，可以看出他对家的依恋和看重。

词语联想内容丰富，大词和成语也不少，知识背景广阔，思考有深度，思维跳跃性比较大。我觉得小帆是一个很有潜力和发展后劲的学生。

王晓春：材料看了两遍，一些东西让我困惑，解释不了。

从早期记忆来看，这个小帆有好奇心，好奇心意味着探索欲，意味着他有可能比较喜欢理科，喜欢科技，可是我们在他的词语联想中见到的有关科技的理科的词汇很少，词汇偏文，这是比较奇怪的。还有就是他的词语联想比较活跃，有跳跃，但是我看了几个跳跃的地方，它从一个词跳到另一个词，我看不出内在的逻辑，后面那个词怎么蹦出来的，我现在解释不了。

所有这些困惑，使我无法判断他将来的学习成绩趋势。我希望了解一些情况。我建议杨老师询问一下各科老师对他的看法，包括文科和理科。如果有条件的话，希望杨老师跟他本人谈谈，问他对各科的感觉是什么样的，问一问他的课余时间是怎么安排的，他都读哪些课外书，他的业余爱好是什么，他未来的职业理想是什么。这些情况问清楚以后，我大概就会有点想法。目前我搞不清楚。他的很多材料，按咱们原来的思维习惯是矛盾的。但是注意，这是咱们看着矛盾，对他不是矛盾，他肯定是整合在他自个的性格里面的，只是咱们现在还不太理解。

小帆的成绩，我把它们都换算成了百分制，做了一下比较，好像各门课都是 70 分左右吧，有的 77，有的 68，反正都是 70 分上下，没看出明显偏科来。等看到杨老师调查的新情况以后，咱们再看这个小帆是怎么回事儿。

下面说一说我关于词语联想的一个困惑。有些地方我不明白他是怎么想的，最明显的是 2 和 5 两组。2 组领词"人"，前面说，"生命，生物，动物，男人，女人，老幼"，都合逻辑，后面是"神圣，自尊，自爱"，也都合逻辑，再后面是"自然，脆弱"。从人想到自然，从自然想到脆弱，这都合逻辑，下面就有点不明白了。下面出现的是"部分"。"脆弱"跟"部分"还能联系得上，下面是"高等"，"高等"后

面是"统治者","统治者"后面是"智慧","智慧"后面是"潜力",
这都还相关，下面就不明白了。"潜力"后面是"一次"，这个"潜
力"跟"一次"是什么关系？"一次"后面是"价值"，后面是"珍
惜"，这还算连得上。第5组领词是"可是"，这一组我困惑最多。"可
是"后面写的"转折，但是"这都合逻辑，后面"凶兆"，也说得通，
"凶兆"后面是"日常用语"，这就不大连得上，难道他认为"凶兆"
不是日常用语？后面是"反转"，"反转"后面是"主观"，然后是
"叙述，事实，难言之隐，悲伤"，"悲伤"后面是"颠覆"，不太连得
上。"颠覆"后面是"卖关子"，"卖关子"后面是"无奈"，"无奈"
后面是"一人"，"无奈"跟"一人"连起来就有点难。后面是"简
单，出乎意料"，是"虽然"，然后是"懊悔"，最后那一个词特别奇
怪，是"句子"。是不是要收尾了？搞不清楚。

词语联想是这样，一个学生，他写出词语来，肯定脑子里面是有
这个词语，保存在什么地方，到时候就把它提取出来了。怎么个存法
呢？不知道，因为人脑太复杂，是个黑箱，现在还搞不清楚。但我们
可以猜想一下人脑如何储存词语。可能是这样的，第一个方法就是像
仓库一样，一格一格地摆放那里，用的时候提取出来。按说呢，提取
词语的时候应该拣临近的格子提。先在一号房间提一个词儿，然后在
隔壁二号房间提个词儿，所以它就有关联。这个学生，他的五项图和
全家福，明显地理位置观念特别强，都是一格一格的，爸爸在干什么，
妈妈在干什么，位置特别清楚，而且对称。说明这孩子思维可能挺规
矩的。那他怎么会在"潜力"后面冒出个"一次"来？不知怎么提取
出来的。

第二种储存方式可以这样理解，他脑子里面的词语，像一棵树，
一枝一枝地，这类词语长在这个枝上，那类词语长在那个枝上。总而

言之，他得有一个道理，才能把它提取出来。如果他从这枝上提取一个词，然后从毫无关联的另外一个枝上提取一个词，他一定有他的观念，只是咱们不懂。他一定有一个回路能绕到那儿去，把那个词提出来。如果咱们能搞清这个回路，那就能掌握这个人的思维逻辑，他就是这样想事儿。你从 A 到 B，他不，他从 A 到 C，人家脑袋就这样。现在我的困惑，就是搞不清楚他怎么绕过去的。

我们发现有些词语联想思路不合逻辑，也可能有这种情况，就是他写着写着，思路断了，走神了，等他回过神来接着往下写，跟前面连不上了。可是他回过神来之后，为什么单想起这么一个词，而不是想起别的词呢？这跟他脑子里面的思维结构还是有关系的，也是有研究价值的。还有一种情况，当他回过神来以后，他不知道从何说起，正好看见眼前有个东西，比如说家具啊，一个人啊，或者是一个什么用具啊，一个物件啊，产生联想，想起个词来，这也是可能的。这种情况是很难捕捉他的思路的，偶然性太大。那怎么办呢？遇到这种确实不合理的思路，建议我们研究者可以找他来问问："你写到这儿，是不是走神了？下一个词你是怎么想起来的？"这样你就搞清楚他的思维过程了。

yanghaijian：估计是您说的这种情况，因为我给他说过，领词后面写 19 个词，他中间停下来数了数，又接着写了，我亲眼所见。

yanghaijian：关于小帆情况的进一步调查：

一、今天早晨，我出去散步，恰巧碰见小帆的爷爷，我们进行了很愉快的交流。小帆爷爷曾经当过十多年的小学校长，现已退休。小帆爱看戏，有一次，村里唱戏，大人比较忙，小帆独自一人看半天。小学时，小帆语文比数学好，语文 95 分以上，数学八九十分，经常班里前几名；进入中学，数学赶上来了，不再偏科了，总成绩最好时考过全年级第八名，语文拿过学科状元。

二、早饭后，小帆来到我家，他多少有点拘谨，很坦诚地回答了我的疑问。

1. 学习各科的时候感觉是什么样的？

语文比较有意思，文字比数字有意思；喜欢英语，试题比较灵活；数学太灵活，有时反应不过来；物理稍微深奥，上课有时听不懂，基础没有打好，经常丢分，要多多做些试题。历史、政治谈不上喜欢不喜欢，不喜欢地理，地图记不住。总之，喜欢文科大于理科，稍微有点偏向文科，但为了考试，不喜欢理科也要好好学习。

2. 他的课余时间是怎么安排的，他都读哪些课外书，他的业余爱好是什么？

平常爱看书，主要看散文，纪实作品，例如《飞向太空港》，前几天购买了 10 本书，有《狼图腾》《愿你历尽千帆，归来仍是少年》等；看戏剧，主要是豫剧，内容是神话剧，感觉有意思；喜欢下军棋，打羽毛球、乒乓球，早晨经常和爷爷打羽毛球，特别喜欢打乒乓球。也玩手机，但不上瘾。

3. 他现在已经八年级了，我觉得可以问问他未来的职业理想是什么？

将来当一名教师，当编剧，写剧本。

4. 关于词语联想的两处解释。

人：生命，生物，动物，男人，女人，老幼，神圣，自尊，自爱，自然，脆弱，部分，高等，统治者，智慧，潜力，一次，价值，珍惜。其中"潜力"和"一次"怎么联系上的？

小帆这样解释：人生来就有潜力，要不断地挖掘，实现人生的目标，人生只有一次，要实现人生的价值，要珍惜人生。我选取了"一次"。

可是：转折，但是，凶兆，日常用语，反转，主观，叙述，事实，难言之隐，悲伤，颠覆，卖关子，无奈，一人，简单，出乎意料，虽然，懊悔，句子。其中"无奈"和"一人"怎么联系上的？

小帆这样解释：写到"无奈"时走神了，思路断了，"一人"是从前面情境中选取的，一个人卖关子，有好有坏，若是坏的就很无奈，思路断了以后就在前面选取了"一人"继续写。

三、老师的评价：

英语老师的看法：

小帆是个很用功的学生，有明确的目标，学习也很踏实，也正是因为太用心，太在意成败，每次考试前思想压力过大，以致睡不着觉，结果反而影响了正常的发挥，造成成绩不理想。就英语学习而言，他的潜力不是很大，学习虽然很努力，但是接受能力尤其是阅读理解能力有待提高，不能把所学知识灵活运用，文章难一点他的出错率就很高。

数学老师的看法：

1. 踏实有余，循规蹈矩。是老师眼里的超级听话的学生。

2. 认真刻苦，但不善思变。在数学上不敢提出自己的想法，很容易被他人左右自己的想法。

3. 不敢突破，不敢打破常规。个性不突出，也不是很自信。小帆如果能在以后的学习中多思考，提升自己的学习力，再加上他认真踏实的态度，在数学上一定会有所突破。

语文老师的看法：

小帆老实听话，不喜欢表现自己，守纪律，踏实能干，作文写得还不错，理解能力很强，语文成绩也很好，课堂专心听讲，但不爱发言，若能再活泼一些就更好了。

通过这次调查，我作为班主任很惭愧，对学生知之甚少，今后工作中要加强和学生的沟通和交流，也再一次深刻体会到了解学生是教育学生的前提，教育学生要下七分的功夫去调查和了解，三分的教育才能精准打中靶心，否则可能会做很多无用功。

萌妈妈：从词语联想看，他的广度和深度也是同龄孩子能够达到的正常水平，有传统的三观痕迹，知道自己该做什么，不该做什么，他会给自己树立榜样，并且向他们学习，这是很难得的品质。但是，好奇心也仅仅停留在好奇的层面上，没有见到实践探索的动作，也就是说磨刀了，没砍柴。而且，几乎没有涉及理科和自然界的词汇。所以我觉得这个孩子的学习潜力不是很大，可以做得不错，但是后续的潜力不太足，想做尖子生，有难度。

思远道：据杨老师提供的最新情况，对小帆做了如下补充判断。

第一，小帆的学习状态可以继续保持，不要着急改变，这可能是一个慢热型的孩子，灵活性不够。比如专心听讲不爱发言，猜想他没有发言但一定在琢磨。再比如认真刻苦但不善思变，明显灵活性不够，也属于消化慢的表现。他对提出的新问题喜欢慢慢琢磨，消化理解，然后形成记忆。这不太适应于现在的学校教育（要求要快，即学即会）。但这类表现更像是一个科学家所具有的特质。这类孩子潜力通常比较大，只是过程比较长。越到后期，比如经过高三或初三长时间的复习，成绩往往不错。

第二，希望他多参与同学之间的讨论。他因为顾虑太多或者其他原因，不愿意轻意表达自己的想法。根据我的经验，当老师和这类同学交谈的时候，他们实际上也很乐意说出自己的想法。所以需要他更积极主动表达自己的观点，通过观点的碰撞加快学习的速度。

第三，对学科的兴趣。他认为语文比较有意思，喜欢英语，对其他学科没有表现出很浓的兴趣。当然，这除了和学生有关还跟任课老师有关。

从总体情况来看，让小帆的成绩立刻上升到年级前列不太现实，但这个孩子的潜力也很足，已经形成了较为固定的思维习惯，外因不可能对他立即产生作用，假以时日，持之以恒，终会有较好的结果。

王晓春： 关于小帆，杨老师提供这些新材料以后，就清楚多了，我的一些疑惑也解决了。比如那个词语联想，有些我解释不了的，现在都能解释了。感觉这个小帆思路很清晰，合逻辑，他这人还挺理智。新材料说他喜欢看戏，我就笑了，一下子想起了他的五项图和全家福，都很有戏剧感和舞台感，不信你再看看。当时我没看出来，他那个构图，很像一个京剧舞台。

对这个孩子我总结一下，他未来可能是一个很好的文化传承者。他受爷爷影响比较大，他的价值观和同龄孩子比较起来，可能更传统一些。他未来的职业理想，当老师啊，做编剧写剧本啊，我觉得都挺靠谱的，说明他对自己比较了解。他目前品德上没什么问题，心理方面也没有大问题，只是有点焦虑，杨老师可以帮他缓解一下，别再给他加压了。他有探索精神，但是他将来的创造性强不强，目前不太好说，目前没发现他有很强的创造性。

杨老师最初问的是这孩子成绩能不能再提高，我觉得能，有这潜能，还能提高。那现在应该做什么呢？这事挺简单，就是一门一门地跟他研究题型，哪类题你还可以再得分，哪类题能保住分，哪一类题的分你不太容易得到，要敢放弃。比如说物理，有些题他可能是得不到分的，放弃它，可以把精力投入那些会做的题，无论如何把分拿到手。如果这样细致地指导，他的成绩还能提高。也可以指点他自己研究，他有这个能力，能分辨。实际上这就是应试训练，应试也是一门学问，也得训练。长远看，这个孩子需要扩大阅读面，多读点名著。另外，我觉得应该在历史上下点功夫，戏剧是离不开历史的。小帆不太喜欢历史课，是不是历史教得不好？文史是不分家的，戏剧与历史尤其不分家，你看那戏剧不都是历史故事吗？所以业余时间应该看点历史故事，这对他实现理想是有好处的。其他几位老师发言都挺好的。这个孩子不是问题生，是挺好的一个学生，有一定潜力。这是一个体检型案例。

案例 *10*：高考两次失利的小贝

案例回放

萌妈妈：小贝：男，20岁，高中毕业。

成长经历

一直跟父母在一起长大，妈妈是个能干的美术老师，爸爸做生意。夫妻俩在育儿模式上态度不太一致，妈妈态度温和、迁就，爸爸传统，父子关系不和谐，孩子有事情更愿意跟妈妈交流。随着孩子长大，自我意识增强，妈妈从一开始的控制模式慢慢放手，现在更多是妥协。孩子小时候聪明伶俐，小学毕业后，考到省里一所重点中学读初中，接着，又考到同一所学校的高中部，初中三年住校，高中三年在学校附近租房，父母每周末去陪伴。到了高中以后，成绩下滑厉害，去年高考，未能考上本科，坚持要求复读，妈妈支持，爸爸则说复读也没用，因为心态不对，不是想读书的样子。今年高考也不顺利，只比二本高一分。长得帅，擅长打篮球，收获了不少女孩的爱慕。谈过两次恋爱。

○ **典型事件**

特别喜欢心理学，理想就是上心理学专业。我采集他的原始资料，就是利用了他爱好心理学。我问他是不是喜欢心理学，他回答，特别喜欢。他还特别喜欢打篮球，也曾代表学校参加市里的篮球赛，但是没有进专业篮球队。一直向往考到篮球队出色的厦门大学和华侨大学。复读期间，自知成绩一般，一直抱怨父母没有让他走篮球之路。父子之间为此发生过多次冲突。

小贝家境中等，但消费水准很高。限量版的篮球鞋，最新版的手机，球星签名的运动服他都有。对于他的要求，爸爸很反对，语言里也偶有挖苦。爸爸也经常抱怨妈妈对孩子太纵容，妈妈也很为难，说若不答应，孩子就无休止地纠缠。

高二文理分科，因为他最喜欢的语文老师不再教他，他情绪很激动，让妈妈去找校长商量，调整班级语文老师，妈妈觉得不可能，没去说。妈妈让原语文老师做他思想工作，并且答应周末继续给他辅导语文。从那之后，语文老师成了他的人生导师。（我个人觉得其中有经济因素）

高三时，跟班主任（英语老师）关系恶劣，后来拒绝上英语课，家里便给他在校外找了英语老师上课。复读期间，小贝住学校宿舍，同住的还有另外三个孩子。小贝觉得他们素质不高，小气，也怄了不少气。但是学校因为没有租房的先例，他只好住在宿舍里，直到毕业。他对学校的老师也不满意，觉得他们知识陈旧，教法老套。经常晚自习之后给妈妈打很长时间电话，抱怨学校的各种事，导致妈妈看到他的电话就焦虑。他一直带着情绪，没能进入状态，直到今年春节后才开始慢慢学习。

高考后，得知自己考得不好，他在家跟父母各种折腾，又要再次复读，父母都不答应。后来他改了志愿填报密码，又离家出走过一次，但是最终还是填报了一个新疆的大学。目前他说，如果能被录取，他要利用自己的特长——打篮球和游泳，在读书期间挣钱。

爸爸的评价：任性不懂事，不理解父母的良苦用心。学习上不努力，只知道享受。

妈妈的评价：心气很高，挺有想法的，有学习能力，但是不肯努力。这两年来，学业受挫，总是转嫁他的焦虑。

早期记忆：老房子里有一个杂物间，是个小房子。大概四岁的时候，我经常从那个小房子里走出来。（还记得一些其他的，但是不清晰了。这个最清晰。）

☁ 词语联想

天空：神秘，美好，令人向往，危险，未知，飘渺（缈），无限。

人：智慧，改变，进步。

网：过滤，阻拦，界限。

然而：转折，改变。

跑：领路，领跑，逃避。

平静：淡定，从容，危险，美好，安宁。

☁ 梦境

1. 我小时候做过一个噩梦，是我发烧的时候。因为身上裹很厚的被子，然后发汗，感觉就像被很重很重的东西压着，非常害怕，这是我的梦记得最清晰的一个。

2. 我在上楼梯，那是我爸公司的楼梯。楼梯四楼的一个出口里面有什么东西，我很害怕，就不敢过去，但是我一定要从那边走。

五项图和全家福没有搜集到，他说在外面，不方便画，回来也没有补给我。

想要解决的问题：脚踏实地，做一个寻常人。

🔍 案例讨论

关注体验：早期记忆最好成一组，不是一个。我个人很重视早期记忆。因为没有确凿的早期记忆，我就难以确定小贝的现实表现是天性使然，还是一时表现。这决定着如何确定对这孩子的根本认识框架。

梦的第一个材料，看来也是属于早期记忆。小贝已经20岁了，却对过去酸甜苦辣喜怒悲欢的是是非非全然无记忆，而偏偏且仅仅记得这两个梦，还直到现在却很清晰。是这样吗？

如果您在引导方面不存在问题的话，那么，联系六则写满"全赖父母"的现阶段表现，这孩子的过去（小时候）到底是怎么样的，就留下了令人遐想的较大空间了。就是说，如果前提成立，那么，最好了解下他小时候的情况。因为逻辑链条缺少了这一环，显得太突兀了，圆通不起来。

思远道：这小贝已经是个成年人了。他的行为从提供的典型事件中显示得非常清楚。爸爸妈妈对他的评价都有一定的道理，特别是爸爸的评价还比较准确。

这个孩子的所有问题好像出现在各种关系中，特别是家庭关系中。早期记忆要离开的老房子就是自己的家。他对自己的家没有认同感，对父母也缺乏认同感，好像父母老师都是对他行为的一种羁绊，无论离家出走或者报考新疆的一所大学，都和走出小屋如出一辙。

从他零星一点儿词语联想似乎看到了某种不安和矛盾。所以他的所有行为都在摆脱家庭、摆脱父母、摆脱老师对他的束缚。包括他的志向似乎也是如此。

他有很多不满的地方，他把所有的不满都指向外面。对家庭不满，对学校不满，我猜想他对他的生存环境也是极其不满的。

对于一个 20 岁的人来说，也许只有走出去，他才能回到自己的内心深处。站在外面他才可能反观内部，才可能脚踏实地。他欠缺的是反省意识、责任意识、换位思考的能力。

自我意识太强，依赖性又太重，比如说换一个老师他就不能适应。我能给出的建议就是反思、反省自身。

扁舟：

1. 这个孩子的理科成绩好点，还是文科好？

2. 孩子的理想是什么？最终报考了新疆一个大学的什么专业？

3. 在高中阶段有男性好朋友吗？好朋友是什么类型的？

4. 父母让孩子上了省里名校，说明对孩子的定位和期待很高，请问问父母原来对孩子的定位和期待如何，现在如何。

萌妈妈：

1. 孩子数理化成绩稍好一点，语文不错，英语很不好。

2. 报考的学校很悬，不一定能录取，这个专业不能算数的，只能凭调配，他自己心仪的专业是心理学，他不排斥做老师。

3. 父母曾对他抱了很大的期望，现在已经放低了标准，只要能被本科院校录取就行了。

关注体验：我暂时支持思远道老师对这孩子"自我意识太强、依赖性和摆脱性又太重"的判断（最后决断是否根本调整或微调，得看萌妈妈老师提供的新材料情况）。

问题判断关键在于，这是天性还是阶段性的？这决定咱在多大期望程度上用什么具体办法来谋求萌妈妈老师目的之达成，也决定着我们如何解释其过去、认识其现在、预测其未来。

萌妈妈：他说早期记忆中最清晰的就是这个，梦境在不同时期都会做到。

这孩子比较倔，我怕问他了他就不理我了。我只能问他妈妈。

他这种不会换位思考，不会内省的情况，有几年了。似乎从高一开始就是这样。我当时觉得他遇到问题会向外找原因，推卸责任。

他家目前关系紧张，我怕问多了，就失去了继续交往的机会。我刚才跟他妈妈打了个电话，确认了几个信息，给各位一个反馈！

1. 那个小房间里，装了他的玩具。奶奶嫌他把玩具扔得到处都是，就把他的玩具一起集中在那个房间里。

2. 他不是一个直接的人，从小就不是。比如，他想吃我手里的饼干，他不会说"阿姨，我想吃你的饼干"。他会说："阿姨，你的饼干好吃吗？"然后跟妈妈说，不是我要吃的，阿姨给我的。

3. 从小开始就有优越感。有个比他小两岁的表弟，学习、外表都不如他，因此外婆更偏心他。直到现在，跟表弟的相处中，他都更霸道点。

4. 有两个玩得好一点的男朋友，都是富二代。一个家里放养，只要活着就好；另一个家里管得很紧，什么都得听父母安排。小贝很羡慕第一个，同情第二个。

5. 妈妈说：小贝目前的甩锅行为已经持续了几年了，她认为不是阶段性的。她同意群里的推测：依赖性、想摆脱、甩锅。

6. 小贝谈早期记忆的感受：

我也说不出来什么感受，反正每次梦到这个有个原因，就是当时走出那个房间的时候，好像问了一句，我几岁了，然后我奶奶吧，告诉我四岁了，然后就这一件事情，我记忆最深刻，就是我知道那个时候是四岁，但是这个画面经常出现在我脑海里面。

然后也谈不上有什么感受，就感觉有点客观吧，就只能这么形容。

萌妈妈：这孩子跟我有限地交流了，说了好几次四岁。看样子，四岁是个重要的时间。

他说，从小房间里走出来，我就问奶奶，我几岁了？奶奶说，四岁。我问过不止一次，奶奶都说我四岁。

如果是实岁四岁的话，有一件事他自己应该记得的，就是有次不肯去幼儿园，被他爸爸在楼下狠狠揍了一顿，我们都不在的时候揍的，打得不轻。这个是小贝妈妈说的。

王晓春：我来说一说对小贝这个案例的看法，当然这是很初步的，没有把握，材料不足。

小贝是个心理问题生，至少是中度。他的主要毛病是非常自我，虽然很自我，但是并不了解自我，他是以自我为中心，也不了解社会。心气挺高，脱离实际，老惦着放飞自我，翅膀又不硬，飞不了多高，掉下来了就埋怨。思远道老师分析得不错。这种孩子现在挺多的。怎么造成的呢？就是条件太好了，惯的。那么这个孩子跟其他同类的孩子相比有什么特点呢？我看了看他的主要特点是他对自己的内心活动比较敏感，一般的孩子好像达不到他的程度，他有一种特殊的内向心态。最突出的表现是他的早期记忆。

他的早期记忆分析是这个案例的难点，我想了好长时间。他记得四岁的时候，从一间小屋子里走出来。这小屋子里装的都是他的玩具。

237

出来后，他就问奶奶："我几岁了？"奶奶说："你四岁。"问了好几次。当时他是什么样的心态？没问出来，好像没什么心态。我就想，如果他当时没什么喜怒哀乐的话，那就是说这件事对他主要不是引起他的情绪反应，他的反应不是情绪变化，从逻辑上推，应该是他的认知发生了变化。我怀疑（现在还没有充分的证据），从小屋走出来奶奶告诉他四岁这件事，可能是小贝心理成长的一个节点。就是在那一刻，忽然间，他的自我萌芽了，或者他的时间观念萌芽了，他开始知道，我有四岁的年龄了。这种节点一般的孩子是感觉不到的，他感觉特别敏锐。你会发现他的词语联想，还有他做的梦，一个最突出的特点就是没有别人，都是他自己。他的词语联想涉及人际关系的，好像没有，都是他自己的感觉。于是你就明白为什么他特别喜欢心理学了，这就连成一片了，就解释得通了，就织成逻辑链了。小贝实际上是一个对自己的心理很感兴趣的人，虽然他并不了解自我，他的自知之明是欠缺的，但是他对这事感兴趣，感觉比别人敏锐，这是他的一个性格特点。

　　这样的孩子怎么治疗呢？两条路，一条路叫干实事，一条路叫找高人。什么叫干实事呢？就是必须得干点实实在在的活计，否则的话，他永远飘在空中，什么都不懂，就是在那儿瞎想。考一个大学去上学也可以，去参加一个篮球队打篮球也可以，到一个地方去打工也行。总而言之，要让他体会到做普通百姓的艰辛。他现在觉得自己是精英了，让他落地，他的思想就会发生很大的变化，这是最主要的。再一个，要找高人。我不知道他那语文老师是什么情况，是男是女，什么素质，不知道。如果他能给小贝指点的话，我看是可以的，或者找一个比较优秀的心理学的研究者或者是医生，给他指点一下也行。他自己看书行不行？我的经验，此法不太好，因为他钻了牛角尖，容易拣书中对自己有利的部分记住，对自己不利的部分就忽略过去。我发现好多学习心理学的人，看书都是这么看的。请注意，学心理学的人不等于没有心理疾病，很多喜欢心理学的人都有心理疾病，或者是他因为有心理疾病才去喜欢心理学。找高人指点一下，或许会好一些。为什么要找高人呢？因为矮人他不佩服，必须得他佩服的人给他指点，否则他不屑一顾，根本达不到治疗目的，至于干什么实事，越简单越粗的实事越好，让他学当老百姓。

这个案例目前我就只能认识到这个水平，供各位参考。

萌妈妈：王老师，我今天上午把关注体验老师对小贝的分析告诉了他，小贝很惊讶，向他妈妈要了我的号码，给我打了一个很长的电话，我打算把材料再补充一下。

我们取得了初步成功：他不抵触，并且主动说给我们提供更全面的资料。

思远道：结合王老师的观点，小贝的自我意识觉醒得比较早，是自我意识强的人。这类人和这类观念最大的问题是容易脱离实际。自我意识强的人容易把遇到的问题通过想象来化解，容易想当然。因此王老师提供的建议就是干实事，我很认同。上学，打工，打篮球，任何社会实践的活动都可以实实在在地纠正飘在空中的那种不接地气的状态。从最早提供的信息来看，他本人也有这种意愿。这是一种向好的自我校正的愿望，只是周围人在不了解情况的时候有意无意地阻止或者阻断了这一实践过程。

根据萌妈妈老师后来提供的信息（他不是一个直接的人，从小就不是），说明这个孩子有一个特点是不直面问题。这同样是自我意识强时（自我肯定多，自我怀疑少）容易滋生的虚飘的一种表现。这只有在实实在在的普通劳动实践中才能使他慢慢地克服。由于这种意识特点在实践中一定会出现很多抱怨，这都很正常。但只有通过劳动实践，才能建立起最一般的人与人之间相互交往、协作、共同解决问题的能力和意识。

他的早期记忆中有走出去这样一个深刻的记忆。还是可以有意识地适当地一定时间地让他走入社会，走出家门。有一种类似于荒野的呼唤，在召唤他走出去。

突然注意到我们这里反复使用自我意识这个概念，是在一定意义上说的，不是普遍意义上的自我意识，是指某些孩子在成长的过程中过分突出自己，忽视他人，忽视环境，不能客观把握自己与他人之间的互动关系，一切以自己为中心。

王老师反对过分的赏识教育也是这个原因。过分的赏识就是对孩子的各方面行为予以肯定，结果导致他的世界与客观世界的平衡关系失衡，使他长期不能客观准确地判断各种关系。这就是惯孩子的坏处。

赏识对于不自信的孩子，或者从小的教育中对他们否定太多的孩子有好处，可以培养他们的自信心。

关注体验：小贝的问题本质是适应长大障碍症。一方面，随着年龄的增长，他潜意识屡次通过梦境告诉他长大了，需要他从玩具时代的小杂货屋里走出去，用已经长大的男子汉方式去独立应对外面世界。另一方面，他又现实地遭遇长大障碍而走回玩具时代的小杂货屋，继续习惯性地用四岁男童的赖皮撒泼方式去要挟其父母，帮自己处理要面对的现实世界的矛盾，不如意就抱怨折腾（别忘记，其奶奶和母亲相对其弟弟而言一贯对他娇惯）。就是说，藏诸内的适应长大障碍矛盾，必然造成形之于外的他的家庭关系困境——要挟和折腾家长。

从其梦境来看，这问题对小贝有天性成分。可见，这不是阶段性问题。

我们要做的工作是把这孩子的自我认知和自处方式调整到符合目前年龄的合适程度，而要根本解决，或者说杜绝以后再次发生类似问题，是不现实的。

解决办法的方向，自然是靠他信任的人来把其认知调整到目前年龄水平。他自处的方式要走不立不破之路，即先通过外力，帮他找到他自认为可以发挥的优势，以应对和化解现实困境，增强其走向外界的自信心，这就会抵消掉他习惯性"走回小杂货屋"的动力——这天性会一直存在的。然后，再顺手解决他以赖皮撒泼来对待所遭遇外部问题时的任性方式。这两步如果反过来，走先破后立之路，势必导致他本能地暴力抵抗——因为他自认为"楼梯四楼的一个出口的危险物和发烧时被子的重压"会严重威胁他的生存，效果不会好。

那么，足可以使小贝自信地立业的长处和优势有什么，就成为下一步要解决的关键和突破口。

就具体步骤而言，有这么几点：

一是获得小贝足够信任。无信任，我们的话如耳旁风。

二是获得小贝对我们结论的认可。无认可，无法实现其自我认知的调整。而无论是萌妈妈和他谈，还是诸如他语文老师一样的人给他谈，都是如此。

三是使小贝获得对自己优势足以立业的信心和希望。无信心和希望，他不会配合寻找和尝试。

四是逐步教会小贝以成人方式正确处理与家人的常规关系。这之前，其父母还要做好继续忍受小贝一段时间折腾的思想准备。

而要实现如上每一步，都不是轻松的任务。

🌸 全家福和五项图

王晓春：小贝这个五项图，落笔先画的什么，后画的什么？尤其中间部分，先画的是上边的女孩，还是下面的书？书为什么装起来？什么书？

为什么必须是香椿树？喜欢小学这个房子什么？

萌妈妈：五项图的顺序是从左到右，从下往上，依次是：树——房子——书——女生——男生。一本珍贵的书，收藏在玻璃柜子里。他小时候看电影，就有把自己家装扮成图书馆的想法。

外婆家门口有两棵香椿树，他觉得香椿很好吃，问过外婆，外婆说那是香椿树。

小学电脑课时有一段空闲时间，让他们自己玩，他就会画那样的房子。以后每逢画房子，他都会那么画。

全家福的顺序也是从左到右，第一个画的是妈妈。

这是小贝补充的词语联想：

天空：星星，思考，广大，孤独，恐惧，未来。

人：善变，表里不一，复杂，微动作（表情）细节，出卖内心，恐惧，费解。

网：篮球，捕捉，禁锢，生活。

然而：转折，搞笑，重点。

跑：跑跳，耐力，游泳，体能训练，快，博尔特。

冷静：心理素质，杀手，士兵，关键点，深呼吸。

晨曦： 我的一个疑问：

两幅图都是最后才画自己，而且自己的位置都很靠边，这是否可以说明他并不是一个"以自我为中心"的人，而是一个"自我迷失"的人？

思远道： 小贝全家福画像中，他无意中把自己画得比别人高。除了可能他比别人长得高之外，还有一种把自己画出这群人之外的意识。他的两幅画里边，人的眼黑瞳孔都非常明显。这是一种警觉和不安的表现。

人的鼻子画得都高，他可能对权威有某种认可。

关注体验： 小贝将自己两幅画都画在了右边，且都比较高，显示并佐证了王老师对小贝的一个认识：小贝认为自己未来相对他人而言具有精神上的优越感，且其潜意识告诉他这种优越感有一定的无根性和漂浮性。所以，这也佐证了王老师的建议非常正确：让他当老百姓，脚踏实地去干粗活，就是想解决他这个问题。

至于把自己画在边上，是否就不是自我中心而是自我迷失，我认为，这有可能，但不一定。这需要其他材料来进一步确证。

王晓春： 萌妈妈老师提供的新材料，五项图，全家福，还有老师们的发言，我都看了。我说说我的新认识。我原来对这孩子的判断，认为他是一个自我中心的人。所谓自我中心，指的是他，只能从自己这个角度往外想，比较狭窄。但是他缺乏自知之明，获得自知之明是需要从很多角度看自己的，只能从自己角度看，那是不会有自知之明的。看了新的材料以后，我有一个印象，比原来强烈多了，就是这个孩子至少在学习方面能力不足，眼高手低。

我为什么得出这个印象呢？原来我就没觉得这个孩子能力多强，这次看了五项图以后，我就觉得他比我原来估计的还要差一些。请看他的五项图，这五项完全没有整合，单摆浮搁。树是他喜欢的香椿树，他爱吃香椿芽，那个房子是他小学时候喜欢的房子，那个书呢，是他珍爱的书，然而装在一个透明的柜子里，他不是看这书，而是把它供起来。剩下的就是喜欢的女孩，还有就是他自己。你看，他的五项图实际上是自己喜欢东西的一个大展览。这种画法，跟他的年龄，跟他的文化水平很不相称，没有思考和整合，而且只面向过去，不面向未来。

再看词语联想。我第一次看到他的词语联想就有个印象，怎么这么少啊？我当时没有特别在意，看了这次的词语联想以后，我就有了进一步的印象了。这个孩子，实际上他的知识面不宽，而且思维干涩，不润泽，词语不丰沛，给人一种很干枯的感觉。按我们多年的经验，出现这样的情况，学生的学习能力是不会太强的。之所以他小学初中成绩比较好，可能他的智力当时是达得到的，高中他大概就比较困难了。

所以他现在的问题不只是非智力因素的问题，他的智力因素也不是很强大。他自己可能也不是没有感觉到这一点，只是没想清楚，或者不愿意承认。你看他的梦，都是恐惧，老是恐惧，出不来，就是被压着，很不舒服。有一个梦特别典型，他说有一个出口，我不敢过去，可是我必须从这里出去。这就说得很清楚了，实际上就是他现在长大了，他也是成年人了，他得自立，这是一个门口，他必须过去，躲不开，但是他不敢，他觉得自己将来怎么办呢？我怎么能自食其力呢？想起来很可怕。

他的父母，我认为对他有误导。他们一致认为：你就是不努力。他母亲干脆就认为他有能力，不努力。我觉得他父母对他的能力，至少是学习方面的能力，估计偏高了。这种估计偏高，会给孩子什么印象呢？我只是不干而已，我只要干，什么都不在话下。有很多孩子都是这样的，把自己骗了。这样他就不容易接受一些平凡的工作。

中国人有一种习惯性思维，认为勤能补拙，天才是99%的勤奋加1%的灵感，实际这句话不是简单能适应于每个孩子的。大家注意，勤能补拙这件事是可能的，但有几个条件。第一个，这孩子必须动力特别强，有一种强大动力支持他。再一个，他的意志要非常坚强，能控制自己，我笨鸟先飞，我不停地干。第三个，周围要有奋斗的气氛。这三个条件在当今社会都已经不是特别好找。像这个小贝，家境不错，改变自身命运的动力不是特别强，他本人意志也不算坚强，惯的嘛，娇气包。周围呢，也没有那种迫使他奋斗的气氛。他有两个优势是很致命的。一个是他的家境比较好，能满足他的一些需求，满足一些虚荣心；另一个是颜值比较高，长得帅，然后有些女孩就追他、捧他。这两个条件就使他跟大龄"剩女"一样给捧上去了，不愿意掉下来，所以他就非常痛苦。

这孩子怎么办呢？我当初出的主意是两个，一个是高人指点，一个是干点实事。这两个办法，现在看来，我还都保留。但是这里面就有问题了。小贝能不能放下身段实干，我表示怀疑。他家长能不能过这关，我也没有把握。他能力不够，这点你还没法跟他说，你直说了，对他是打击，跟家长说，我觉得也困难。人就怕别人说他能力差，这是很要命的，你不好出口。可是有些孩子能力真的不足，他的学习能力支撑小学和初中问题不太大，支撑高中的学业，实际上就已经困难了，如果他小的时候早点跟他说清楚，要好得多。现在呢，就不好说了。所以现在这个孩子我们只能尽量做工作，委婉地跟他父母说说，跟他本人说说，如果跟他关系特别好，可以稍微捅破一点儿。

这孩子将来的前途是什么呢？比较麻烦。如果去干一些很普通的工作，社会上的老板可不像老师，人家不会讲什么策略，打击这孩子，他可能就崩溃了。他可能会变得自闭，变佛系，或者是回家去啃老，都是可能的。所以他的教育前景，我并不特别乐观。但是我们作为教育者，只要涉及有关教育的问题，我们永远是负责任的，永不放弃，永远努力。可是我们得知道，有些事由不得我们，社会实际上也不见得办得好，要不然现在怎么有啃老族呢？

过去高中语文有一篇莫泊桑的小说，叫《项链》，说有一个女主人公，年轻的时候好虚荣，参加一个舞会，借人家一个项链，给弄丢了。然后她就很努力地干粗活儿，挣钱，用十年的工夫把这项链赔还了人家。这个女孩子，她很虚荣，这是缺点，但是她有一个非常突出的优点，她上得厅堂，下得厨房，能上能下，到什么山上唱什么歌，能放下身段。所以她的意志品质还是挺好的，这人实际上是值得敬佩的。问题是我们现在很多孩子没有这个优点，他只能虚荣，这就很麻烦，很不好办了，我们也只能尽可能地做工作就是了。

萌妈妈：治疗，很考验人！需要水平，还需要耐心等软实力。昨天帮小贝填报志愿，我知道他安全感不足，但是没有预料到他不足到不肯离开熟悉的环境和熟悉的人，根本不肯报考他没有生活学习过的城市。最终，我顺着他父母的意思，建议他填报苏州、无锡和南通的大学。我离开后，他在家大发雷霆，说他不敢去一个没有熟人的城市。

今天我在反思，如何将他的个性特点与实际结合起来，而不是用笼统的标准去要求他。我现在，诊是诊，疗是疗，没有结合起来。

小贝的最新情况，跟大家反馈一下：小贝没有被本科录取，在填报专科学校的时候，费了很大周折：他只填南京的学校，因为他在南京读过六年书，他说不想去一个没有熟人的城市，也不想去太现代化的城市，那样的城市让他没有安全感。但是他的分数与他填报的南京的学校都有距离。我建议他报了一所南通的学校，他跟家长大闹，说除了南京，哪个学校都不上。最终，他被南通学校录取了。网上查到信息那天，他发了信息给我，说：很开心，录到这个学校了！谢谢！

这么看来，他的安全感不足是我事先没有充分估计的。但是，他总算从小房子里迈出了脚步，接下来能不能稳妥地前行，要靠他自己了。

案例 *11*：屡次情绪失控的小李

这个案例，发言老师不少，为了节约篇幅，我只留下了我和飞儿老师的发言。此案例最突出的特点，是对学生的认识随着材料的增加和讨论的展开而深入，诊疗过程是一个调查研究的过程，是"解题"的过程，是思维训练的过程。

❤ 案例回放

飞儿：小李是转学过来的，第一次发现他情绪容易失控是在课堂上。那天上课由于没写作业，我批评了他几句，他当时没啥表情，于是我继续上课。中间我提问，叫了他几次，旁边的孩子们都提醒他让他站起来，他还是面无表情地坐在那一动不动。当时为了不影响其他孩子上课，我不再理会他。下课后我把他叫到办公室跟他交流，问他你知道老师为什么把你叫到办公室吗？他两眼迷茫，回答的只有五个字："知道不知道。"而且是连起来的。于是我叫他的家长来。没想到他与父亲的交流更是语无伦次，还有点歇斯底里，根本拒绝谈论自己错在哪里，而且抱怨在父母眼里他做什么都是错的，父母不信任他等等。

当时情况根本就无法继续交流，无奈之下我建议他父亲先领着他回家，让他在孩子平静后，再与他交流。于是他父亲领着他往回走，路过操场，他俩停下来在操场内看了一会篮球赛，到了下课时间又碰见了班内几个同学，于是他爸让他们几个谈谈话。谈话后，他爸说他想跟他们一块回教室上课，不想回家了。我也是念他初犯，就让他随他们进教室上课去了。后来我与他交流时，看似无意其实有意地谈起这件事，他也承认自己那样做有失礼貌。

好景不长，在他生日那天，为了让他感受到班级的温暖，我让全班同学祝福他生日快乐。但在体育课却发生了一件不该发生的打架事件。课堂上体育老师让孩子们坐下蹲起，他没蹲下去，于是老师罚全班同学多做二十个。旁边一个男孩子提醒他并用手轻拍了一下他，让他蹲下去，否则又会挨罚，结果他不但没听进去，还动手打了那个男孩子。体育老师拉都拉不住，这时候放学铃声响起，老师就让孩子们先回家。但小李还是没完没了，大吵大闹还要打那个男孩，顺手还把几个垃圾桶推倒。这次还是他爸来了才把他拉回去。大概一个小时后他爸给我打电话说，他已认识到自己的错误了，还给那个男孩道了歉，给了一份礼物表示和好了。

但今天发生的事情升级了，政治课上老师让做笔记，他在那鼓捣着他的笔。老师说："你就只拿了一支笔吗？"结果他回了句："我的所有笔全坏了。"老师说："既然已经全坏了，那就该扔进垃圾桶。"于是就让别的同学把他的笔扔到了垃圾桶里。这时他又对老师说，那里面还有一支笔能用，老师就让他到后面去捡，没想到他走到后面把垃圾桶盖掀起，不计后果地一扔，抱起垃圾桶就走到扔他笔的那位同学跟前，把所有的垃圾倒在那位同学身上，并把垃圾桶扣在那位同学头上。

政治老师没想到会发生这样的事情，连忙上前阻止，结果他又失控了，把自己的课桌和老师的讲桌全部推翻，且把老师推了一把，接着把老师推到教室外面并把教室门反锁，又走向扔他笔的孩子跟前要拳打脚踢。这时班里几个胆子大的男同学上前制止他，女同学把教室门打开，隔壁办公室的两个老师这才进来把他拉出教室。没想到刚出教室门他就顺势坐在地上，任凭老师怎么拉他，就是一动不动，嘴里还哭喊着让那个男孩把他所有的笔都捡起来，甚至给老师二十元钱，让老师帮助他，他要亲眼看到那位扔他笔的同学把他的笔捡起来。

当我急匆匆赶到时，他还在与政治老师理论，于是我拉起他，对他说先到老师办公室去吧，他嘟囔着还是要让那位同学把他的笔捡回来，政治老师说笔那位同学已捡起，他都不相信，必须亲眼见到。无论我怎么跟他交流，他都是那句话。后来，我让他冷静一会，想一想整个事情的经过，反省一下自己哪些地方是错误的，哪些地方自己认为是正确的。当我再次跟他交流时，他也认识到自己错在什么地方，例如：推老师不对、打同学不对……当我问这件事情你计划如何解决时，他说让老师打他一顿或者赔钱给那位同学。我愣了，问了一句："这样能解决问题吗？"他坚定地说："能。"我又跟他说有些事情不能以暴还暴，他却说："他们老笑我，如果我厉害，他们就会怕我，不敢再笑我了。"再要与之深入交流，他就语无伦次、东拉西扯，无法沟通了。

王晓春：飞儿老师，恐怕您还得提供一些材料才好诊断，比如说这个学生在不闹情绪不发脾气的时候表现如何？各科成绩是什么样的？各科老师对他的反映如何？有没有不同？同学们对他的普遍反映是什么？还有更重要的是他的父母，是什么职业，什么文化水平，家庭情况是什么样的？他转学的理由是什么？这情况知道以后，才好进行初步的诊断。这个孩子有点像有心理问题，最好还要做点心理测验。

飞儿：小李，男，13 岁，初一。

这个学期 10 月 10 日左右转过来的，没几天就期中考试。成绩分别为：语文 44 分，数学 73 分，英语 98 分，政治 69 分，历史 52 分，地理 62 分，生物 70 分，在班内排名 40。考试后，我问他语文成绩不理想的原因，他说题量太大了，在原来那所学校也没做过这样的试卷（其实语文试题的内容是符合刚进入初中学生的水平的）。

同学反映

经过一个多月的相处，男同学说，不发脾气时他挺爱说话的，且说一些搞笑的话；但也有一部分同学说，他家有钱就了不起吗；女同学一般不愿理他，嫌他话多。特别是他的组长挺头疼他的，作业问他要，不交，纪律方面要求他他也不听。

老师的反映

上课要求笔记很难动笔，经常有发呆的情况发生，或者说一些不着边际的话，打断老师的讲课思路。老师制止他，他还有些情绪化。

孩子父母

爸爸在国土资源局工作，妈妈自己管理着一所幼儿园。夫妻关系还是比较和睦的，只是小时候因孩子在自己所办的幼儿园上，父母对孩子管理较严格，母亲要求更严格些。小学期间应该是爷爷奶奶陪伴。奶奶还曾获"爱心妈妈"称号，经常做一些公益事业。

转学原因

在原学校因情绪失控在公共场合打人。这样的事情发生了多次。

（孩子再一次情绪失控后透露的，他说："我比以前好多了，在这个学校我才情绪失控两次。"）

王晓春：有这样一个学生，会增加一些麻烦，同时这也是一个机遇，可以锻炼一下教师的业务能力，特别是问题生教育的能力，这很重要。我现在根据已知情况，提两个建议给飞儿老师参考。一个是请您找找他的家长。看来家长都是有文化的，千万注意不要以通报和告状的姿态跟他们谈，要用调查的姿态，询问一下这个孩子小时候到现在是否遇到过伤害他感情的比较重大的事件。还有让家长帮你回忆一下，这个孩子的情绪失控，比较多的是针对什么人，针对什么事情，在什么情境下发生。他不可能情绪每时每刻都失控，那就疯掉了。他既然有时失控，有时不失控，那就必有某种规律。您让他们回忆一下，做一下记录，整理一下，把它发在网上，我们帮您研究一下是怎么个规律。找到规律以后，我们就可以避免他失控，或者是在他失控的什么关节点把它控制住，这是可能的。

关于心理测验，要看您跟他关系怎么样。如果您跟他关系比较好，他对您还有一些信任，就可以直接由您来做，否则就得换别人或者家长中比较而言跟他关系最好的，像做游戏一样，让他做一下早期记忆和词语联想。这两样是最重要的，其他如不愿意做，可以不做，如五项图、全家福。但如果他特别爱画，也可以先做五项图和全家福。这都是活的，而不是死的。也可以全班同学都做，然后偷偷把他的那份发上来。因为这个孩子可能会抵触，或者有戒心，那样收集上来的材料就会失真。

在诊疗期间，请您注意，也和其他老师打个招呼，尽量不要踩地雷，否则我们很难进行治疗。他在班里面的各种表现，只要不是过分影响集体，弄得没法上课，就不要管他。像你们那个老师，找一个同学把小李的笔扔到垃圾桶里，这个做法很不正确，很不妥当。那是人家的私人物品，你没有权力让人给扔了。这位老师越界了，怎么这么莽撞啊！

飞儿：王老师，第一节课我发现孩子的这种情况，就跟各科老师打招呼了。那位老师当时可能情绪有点激动，过后她也很后悔，还向小李道歉了，但小李还是很激动。

王晓春：这位老师道歉，又莽撞了。道歉不必这么着急，像这种情况，当时是不可以道歉的，冷静下来以后再道歉为好，因为孩子正在气头上，你跟他道歉，不就等于给他送话柄吗？请你跟这位老师说，四个字："若无其事。"就好像没发生过这些事一样，不要再道歉了，如果这个学生还是不满意，有情绪，在课上弄点什么动作，跟这位老师说，装没看见，交给班主任您来处理，要她别再跟学生发生冲突了。

刚才我把材料又看了一遍。有一句话，这孩子对老师说："他们老笑我，我要是厉害，他们就不敢笑我了。"这句话值得注意，有可能是一个重要的线索。到底别人笑他什么，应该想办法打听打听，这可能是一个突破口。

飞儿：王老师，我刚跟他曾经的同桌聊了聊。她说上其他课时若老师让回答问题，他就会说一些搞笑的话，引起同学大笑。他还经常自言自语说一些听不懂的话（好像是网络语言）。因为他是转校生，班内的男同学对他挺好的，可就是情绪失控后就另一样了。

他爸爸说在原学校时，针对进入初中后情绪波动在公共场合打人，他还领着孩子去看过医生。是不是有这种经历后，孩子会给自己贴上标签呢？

☁ 小李的早期记忆

小时候我把水弄到一个老师的身上，妈妈就把我从后院踢到了前院。

五岁时我在车里睡觉，爸爸妈妈把我锁在车里，他们就一起买东西去了，然后我就在车里闹。

☁ 小李的词语联想

天空：白云，大雁，太阳，麻雀，塑料袋，彩虹，雪，雨，冰雹。

人：头发，眼睛，耳朵，鼻子，嘴，胳膊，腿，身子，衣服。

可是：但是，虽然，因为，所以，既然，当然，可能，应该，也许。

跑：走，跳，爬，躺，蹦，摆，摇，晃，转。

宁静：吵闹，无聊，树叶，雾霾，汽车，栏杆，黑暗，难受。

☁ 小李的五项图和全家福

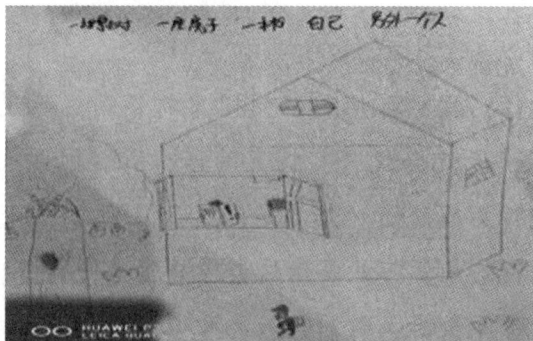

飞儿：那个五项图，里边看书的那个小人是他自己，外边那个小人是一个小偷。

第二件事发生后，等他平静了，我说你谈谈那天发生的事吧。结果他说"当时我脑子一片空白，不知道发生了什么"。我说，老师只是想了解一下当时的情况，他还是说"不知道"。不得已我说，学校有监控，你的所作所为都能在监控看到，但老师不想查监控，老师想听你说说。小李这才慢慢道出那天发生的事情，并说："老师，到咱们学校我已经控制得很好了，在原学校这样的事情发生过好几次了，我就是情绪失控后，我的肢体不受大脑控制。"

王老师，我觉得他要是情绪不失控的话，他的语言表达能力还挺强的。我记得他刚来的时候，学校让学生们报社团，他报了滑板社团。他身材不是比较胖嘛，我挺担心的，于是我说你能行吗？他说："老师，虽然我胖，但我是个灵活的胖子，你不用担心。"我觉得在他情绪不失控的时候说话没什么问题。

王晓春：这孩子恐怕不是简单的情绪控制问题。飞儿老师和各位不要被情绪控制这个问题限制住。

建议飞儿老师问问孩子，为什么画个小偷。这种情况我从未遇到过，不明白。其中必有缘故。

飞儿：王老师，可能是我没有强调另外一个人一定要是他心目中觉得重要的那个人，小李应该是作为一个游戏式的图画而设计的吧。

王晓春：能再试一次吗？

飞儿：小李第二次画的五项图（小偷换成了母亲）：

小李对两则早期记忆的解释：

第一件事情，孩子说自己没什么想法，自己错了就应该挨打。（我觉得这应该是受父母教育的影响，几次与他父亲交流，他父亲都强调做错事就应该负责。）

第二件事当时心里是害怕的，因为醒来不见爸妈。（我觉得这应该是小孩常有的心理吧。）

王晓春：小李到底怎么回事？什么原因？怎么解决？我现在还没完全想清楚。等有点儿眉目以后，我给大家汇报一下。

这两天我一直在琢磨这个事儿。可能有的老师会说，这么一个孩子，讨论这么半天，到底怎么回事还没弄清楚，怎么办也不清楚，是不是太麻烦了？如果哪位老师有这样的想法，我就觉得您不太适合参加这个研究组。注意，我们这个研究组不侧重教办法，办法是自然而然产生的，你知道什么病了，办法就有了。我们侧重在哪儿呢？我们侧重于思考。所以看这些案例，正确的做法应该是一边读一边想：这对不对？我是怎么想的？有不同观点，哪个更合理？你要处于思考状态。我们这个研究组重点是让大家（包括我在内）学会思考，学会逻辑地思考。如果咱们这个研究组变成了一个学点招数的地方，那你下回碰到新情况，分析不出来，你还得上这儿讨招。这样的话，说到底你是一个执行者，你是干活的，你不是个研究型的教师。当然，学了一招也是收获，但这是很小的收获，真正的收获是琢磨别人是怎么想的，看我跟他想的一样不一样，他有没有道理，哪点有道理，哪点没道理。这样，你慢慢就理解了，以后就无须别人告诉你怎么办了，你自己能找到办法，这就叫授人以渔。我们学的就是这个。

飞儿老师，您也不是简单执行者。您看了不少发言，有些需要您去调查，别人替不了。但对于各位的分析，您可以有不同的意见。您也需要通过案例学会思考，而不是只解决一个小李的问题，要以这个案例为抓手，提高自身的专业素质。

小李这个孩子，我还没完全搞清楚。有的老师认为他头脑简单，但是头脑简单的孩子不等于他就有暴力倾向呀！很多头脑简单的孩子并不喜欢暴力。为什么这孩子他往发火、暴力这方向发展？这个事，我得加以解释，我解释不了，没法治疗。

飞儿：王老师，作为一名班主任，面对一个问题生，我也在不断思考。

近一个多月，小李出现问题后，我多次与他交流，孩子总是在回避自己的责任问题，不是说自己当时脑子空白就是说到其他原因，不愿正视自己的问题。他与父亲交流时，总是歇斯底里地埋怨父母不信任他，把责任全部推给他。这与他在原学校发生冲突时，父母的处理方式不当有关。还有奶奶（别人对小李奶奶的评价：她是个比较强势的人）管理期间，小李猜到了奶奶的心理，总是报喜不报忧，赢得奶奶的宠爱。于是在小学五年级时父母再次接管孩子，对他严厉要求，甚至运用比较粗暴的方式。因此我觉得他是有意在回避问题，害怕受到惩罚。

还有我觉得小李自尊心强，敏感度高，进入初中后，家人对他要求高，孩子能力达不到。在家完不成父母的期望，在学校完不成老师的任务，造成极大的心理压力。逗笑，自说自话等是他缓解压力的一种方式，但他又担心他的这种方式让老师与其他同学不理解，笑话他，于是时刻处于纠结状态，因此面对一些小问题他就会失控，用原始的方式解决（或许是受父母原来教育方式的影响）。

小李转学一个多月来，我接触多的是他爸爸，与他妈妈只有一面之缘。据他爸说，妈妈比较严格，他害怕妈妈。

王晓春： 各位老师，我说说我的认识现在进展到了什么程度。

这个孩子，原来我也和几位老师一样，倾向于他头脑简单，不会控制自己。后来我越来越觉着不对劲。你看啊，他几次发脾气，施暴，细琢磨似乎是有套路的，不太像是情绪完全失控。他不是点火就着，而是先后撤，然后进攻，进攻以后，过段时间肯定道歉，认错。像是挺有心眼的吧？后来我又注意到了同学们对他的评论和他的家庭情况。各位老师千万注意他的家庭。他那个家庭的成员，不太像是头脑简单的，也不太像是情绪容易失控的。他的行为模式与家庭生活有关吧？我现在有点设想，但是我还不敢说，我再想一想。总而言之，这孩子头脑简单的说法，我有点动摇，情绪失控这种说法，我也有点动摇。有失控的一面，也有不失控的一面，这孩子可能不像我们想的那么简单。各位老师可以再细琢磨，很有意思的。

飞儿：王老师，我也这么想。因为在最后一个案例中，当老师把他的笔扔了时，他没有马上反映说"里面还有能用的笔"，而是等了几分钟后才向老师提出的。这说明这几分钟内他在琢磨，因此我觉得他心思挺细腻的。

王晓春：是的，虽然我们无须把孩子想得太复杂，但是我现在初步的印象是不要小瞧这个孩子。

飞儿：还有，在我的课上，回答问题时老师几次追问，同学们几次提醒，他都不站起来，其实他在等老师发怒指责他。

王晓春：飞儿老师的思考非常宝贵。这样考虑问题，咱们就会逐渐变成研究型的教师。

飞儿：两幅五项图，第一幅小偷画得惟妙惟肖，第二幅图大家有没有发觉多了一双脚？他说那是爸爸的，一幅画里能照顾到父母，我觉得小李是一个心思细腻的人。

王晓春：各位老师，我已经想出点头绪来了，比较系统地向大家汇报一下。

这个孩子，总的说来他有这么几个特点，或者说弱点。第一个，任性。这几件事情可以说都是他挑起来的，他不守纪律，不按要求办事，也不加解释。现在还不好说他是有意制造事端，但起码他是引起了事端，因为他任性，想干吗就干吗，你别管我。这是一个突出的特点。这种性格怎么造成的呢？根据他的家庭情况和飞儿老师的反映，我感觉是家庭娇惯和严管这两个矛盾加在一块形成的。可能他奶奶对他比较娇惯，他妈妈又在某些地方比较严，他父亲好像是在中间和稀泥的。这孩子从小家庭环境比较好，家长都有一定的社会地位，又有人惯着，所以他就比较任性。

第二个特点：他有优越感，这很重要。有部分同学说：你家有钱就了不起啦。这个情况，我很重视。我发现他情绪爆发这几件事，犯了错误以后，态度都很从容，好像心里有底，认定事情一定能摆平。飞儿老师问他怎么解决问题。他说："老师，要不您打我一顿，要不然我花钱赔同学。"第一条，他肯定知道老师不会打他，才这么说的。第二条是要紧的，就是我花钱能摆平，很牛气。比较优越的经济条件和家长的社会地位可能是他优越感的来源。

第三个特点：他对周围人缺乏信任。证据呢？一个是早期记忆。他的两则早期记忆都是不信任别人，别人也不信任他。一个是他跟老师冲突，妈妈把他踢出去了，第二个就是他爸妈把他锁在汽车里面了，有老师说这是缺乏安全感，也说得通，但我觉得主要是表现他对别人缺乏信任。证据还有五项图。他画的房子都没有门，画他自己的时候，把脸用书挡起来。第一次画的五项图，另一个人竟然画了一个小偷。我开始很纳闷，后来才悟出点门道。这小偷一方面可能是搞笑，另一方面是他对小偷的隐蔽性比较感兴趣。他画那棵树，树干上有一个比较大的洞，有的老师把这解释成心理创伤，我觉得也可以解释成他这样一种心理：我这洞里藏着什么东西，我不告诉你。这是一种隐蔽性。还有证据。面对批评和询问，他常常故意说什么"我脑子一片空白""知道不知道"。说些胡话，实际上是掩饰自己。这也是隐蔽性，这隐蔽性都出于他对人的不信任。这就是这个孩子性格的几个特点。

然后我来解释一下他为什么这么折腾，为什么暴力。一个有优越感的人是要努力吸引别人眼球的，我得成为注意的焦点。他有没有资本做到这一点呢？他非常缺乏资本。学生最重要的是学习，他学习成绩不好，而且从他的词语联想来看，要让他提高学习成绩，实际是很困难的。他的知识背景、知识基础、思维能力都不强。学业上他没多少优势。还有什么办法呢？比如说长得帅，也行。他呢，身材比较胖，而且你要注意，女生不愿意理他。这句话非常重要。青春期的男生，如果女生不爱理他，对他的打击是挺严重的。可想而知，他这样家庭对他的期望值，明里暗里应该是很高的。可是他呢，没有什么能拿得出手。他能拿得出手的，现在只剩下了一个，我家里有钱，我父母如何如何，我奶奶如何如何。还有一个办法，就是我折腾，我得显出我行，我谁都能打败，新转到一个学校，我就给老师一个下马威。实际上他的暴力都是有心机的。飞儿老师说得很正确，他故意引老师发怒，然后道歉，承认错误。他心里明白，我吸引眼球显威风的目的已经达到了。他这样做有两个目的：一个是满足自己的优越感和显示欲，另一个是释放自己的焦虑情绪。他应该是很焦虑的，他想优越，没资本。

下面我说说对策。我给飞儿老师出这么一个主意：火力侦察，敲山震虎。建议飞儿把我上面对于小李的性格分析和他这么闹腾的心理机制、他的目的，跟他本人摊开、说破。注意单独跟他一个人谈，一边说一边密切注意他的表情，尤其是眼神。据此就可以判断我对他的分析到底打没打中要害，然后咱们根据他的反应采取下一步的措施。也可以同样跟他妈妈说一下，跟他妈妈说的时候，不要让他知道，看看他妈妈的表情和最后的表态。注意这个孩子有一定的隐蔽性，所以他说的话跟他的表情也未必明显一致，飞儿老师要细心一点。

飞儿：我认为王老师的分析很到位。

他是一个有心眼的孩子。他发现，看过医生后父母对他的教育方式变了，由原来的粗暴变成了说教，而且无论他如何歇斯底里无理取闹，他父亲总是强忍心中的怒火，不打他了。每次事件后都会有人替他处理，最终都会以"情绪失控"为理由原谅他，这也是我问老师们，看过医生后孩子是否会给自己贴标签的缘故。五项图中，妈妈平时要求严格，应该距离感强些，爸爸经常与他交流应该距离感弱些，但五项图中却画的妈妈在他旁边读书。我觉得那个"耶"可理解为战胜了她妈妈的心理，让妈妈微笑着多陪他比较恰当。

王晓春：飞儿老师，我建议您最近跟这孩子谈一次。谈话的目的，就是把他的心理说破，你甭跟我绕弯儿，你不就是为了这个目的吗？说破了，看他什么反应。实际上这孩子转到新学校，跟老师的关系，他是进攻，老师是防守。现在要转变这个态势，所谓敲山震虎，实际上就是反击。你别老是制造麻烦，让老师给你做善后处理，你别来这套。这样的话，他以后可能就会收敛一点。同时在行动上注意，跟各位老师都说好，要十分谨慎，不踩他的地雷，不上他的当，不给他创造发作的机会。

这是第一役。如果打胜了，下一步我们就得想办法寻找这个孩子的优点，他的长处，给他找一个突破口，让他能够更好地表现自己，要不然他的上进心就没法得到满足。他想吸引别人眼球，只能出此下策。但是请您注意，我建议不要委派他做小干部，不走这条路，因为经验证明，有优越感的孩子，安排做小干部，对他是有害的。他妈妈呢，我怀疑他妈妈是这么一个人，管孩子严归严，实际上，遇到事的时候还是帮孩子擦屁股。最后他那孩子有恃无恐，反正我有后台，到时候能给我摆平，所以他就如此猖狂。把此事也给他母亲点破了，让她知道自己在害孩子，以后遇到事，别老给他做后盾。这样的话，孩子就有希望走上正轨。

关于小李这个案例，做点补充。就已知的材料来看，我个人认为小李这个孩子是比较有心机的。这个结论怎么得出的呢？主要是从他的言行，而不是从词语联想看出来的。要单纯从词语联想，还真看不出这一点，因为词语联想反映他的知识面也好，词汇量也好，思维方式也好，都是比较简单的。于是现在就有一个矛盾了，这个词语联想和他性格本身似乎不一致。这是怎么回事？对此我们不能回避，必须予以合理地解释。

现在我有这样一个解释，说出来大家看看是不是有道理。我觉得词语联想这个东西并不能完全反映一个人的个性。他的思维，他是心眼多还是心眼少，不能完全反映出来。我的经验是，词语联想如果比较真实的话，它在判断一个孩子的各门功课学习上，是比较准的。词语比较贫乏的，大词少的，思维死板的，他的学业水平就不高。学习好的跟学习成绩差的，看词语联想，一看就能看出来。但是你要知道，像小李跟老师发生冲突这种事情属于生活智慧，生活智慧能不能从词语联想中看清楚，我现在还真不好说，缺乏更多这方面的经验。我倾向于这方面可能看不很清楚。所以就会出现一种现象，他的词语联想显得很笨拙，可实际上他这人心眼挺多。我当年教书的时候遇到过这种同学，给我印象很深。他说俏皮话特别能耐，特别机敏，你就觉得他语言能力特别强，可是他作文很差，写不好。我当时就很奇怪，现在我琢磨，可能他说俏皮话是一种语言能力，作文也是一种语言能力，但这属于两种语言能力，不完全是一回事。现在有很多演小品特别棒的演员，要真让他写一篇散文，未必就能拿得上台面。小李的心机和词语联想的反差，是不是可以如此解释？

我们在分析一个孩子的时候，做判断就需要证据，但是孤证不行，你单从一件事儿判断一个结果，依据一个原因判断结果，只有一个证据不够，要从多方面考虑。我开始也怀疑这个小李头脑简单，我还问过飞儿老师，这孩子是不是语言有障碍，因为从他的词语联想来看，他说话可能表达不清楚。可是飞儿老师告诉我，并非如此。我再仔细看了几遍他惹的那几件事，感觉不对头。当然还有另一个可能，我们在采集学生的心理测验资料的时候会失真。这里也有两种情况，一种你没跟他说清楚，或者因为各种因素的影响、干扰，采集的心理测验材料不真实。还有一种情况就是孩子心眼特别多，他有反侦查能力。这种情况我也见过。所以我们一般采集心理测验材料的时候就告诉学生，这是游戏。你要说心理测验，有的孩子他就提防了。像小李这种孩子会不会出现这种情况，我不清楚，飞儿老师也可以研究一下。

我顺便说一下假设的问题。我们分析一个孩子，各个侧面都研究之后，会形成一个逻辑链，或者一个逻辑网，就是我得出的结论，向左向右向上向下向里向外都能解释得通，这是最理想的。可你要知道，当你形成逻辑链的时候，因为我们不是当事人，我们也不是班主任，隔着一层，有时候这一个结论，那一个结论，中间缺某些环节。这些环节缺失，可是你现在必须往下想，于是我们就可以假设一些环节，把它补上，形成一个完整的链条。这种假设允不允许呢？允许，有时候甚至没有证据都允许，要不然你形不成逻辑链。但是你要注意：第一，遇到这种情况，你必须说清，这是我的假设。第二，假设之后，你必须加以验证。若有事实推翻了你的假设，你那个逻辑链，就得朝另一方向走。比如我现在对于小李的初步结论，觉得他有心机，目前各方面尚能解释得通，如果后来的事实证明不是这么回事，我就得回过头来朝他头脑简单的方向走，或者另辟蹊径。科学研究就是这么回事，它是不断地假设，不断地验证，不断地试错，不断地纠正自己的想法，最后才能得到一个比较接近真实的结论。

飞儿：我也在思考这件事情。孩子家庭优越，自己也比较任性。今天学习回来也跟他爸爸聊了很多，他爸说孩子小学期间学习属于中等，从小识字较多，阅读量较大，还自己写玄幻小说。孩子自己也说喜欢写有关想象力的作文，可对于自己不喜欢的文体他就没心思写，上次期中考试，他作文一个字都没写，导致语文分数全班最低。从这一点上也可以看出他比较任性。

他妈妈平时要求严格，若犯错他妈妈开始是讲道理，讲得没耐心了，就开始呵斥他，两个人就吵起来。

还有，他爸爸说在原学校之所以有这样的情况，是因为老师PPT上曾有一个错误，他指出来，老师和同学都不相信他，所以才发生情绪失控事件。老师建议他去医院检查，因为原学校有一个孩子发生过这样的情况，到医院一查说是抑郁症。

今天我根据王老师的建议跟他摊牌，他眼中有一丝惊慌。孩子毕竟是孩子，虽有一些小心思，但还是有解决问题的突破口的。

再有父母有太多事情包办，导致孩子遇到问题不知如何处理，只能用原始手段处理，这与他父母原先粗暴地解决问题有关系。

王晓春：飞儿老师，这个材料我看了以后有几点想法。第一，我觉得这孩子跟老师如此作对，可能是他把他在家里跟妈妈作对的经验，用到学校来了，估计手法差不多。第二，这孩子在原来学校，发现了老师做的 PPT 有一个错误，老师同学所有人都不相信他，而且不给他解释，这就使他加深了对周围人的不信任。我说过，他对人是不信任的，从他材料来看，与这件事可能有关系。第三，飞儿老师把他的想法揭穿了，他的表情有些惊慌，如果是这样的话，那可能咱们说对了，打中他的要害了。按逻辑上推，近期他的情绪爆发应该有所收敛。飞儿老师观察一下，是不是这样。若是这样，那就证明他的秘密被别人发现之后，他就退缩，要打败仗了。那就太好了。

下一步呢，我觉得要做两件事。第一件事，就是想办法发现他的长处或强项，给他出风头的机会，即实现自我的机会，这非常重要。第二件事，如果他对什么事情发表自己的意见的话，千万不要再犯原学校的错误，无论他的意见正确与否，都应该耐心地倾听，详细地解释，如果其中有正确的成分，一定要接受，这就可以逐渐恢复他对周围人的信任。

关于这个孩子的长处，我想了想，还没想好。飞儿老师多下点儿功夫，到同学中去调查一下他有什么地方比别人强，这非常重要。

飞儿：小李同学家庭条件优越，比较任性，其实与家庭环境有着很大关系，其家庭曾荣获全国"五好家庭"的称号。奶奶一直是一个比较要强的人，也是一个说一不二的人。在这样的氛围中，其父小时候的生活被这样的光环笼罩着，是比较压抑的。这从与小李父亲交流中谈及其家庭时，总有不经意的摸头动作及难言之隐中可以感觉出来。成家后面对自己的孩子，总是想满足孩子的一切心愿，因此造就出孩子比较任性的性格。而其母对孩子的教育追求完美，但缺乏耐心，所以随着孩子逐渐成长，其教育方式与其心理承受有了反差，孩子想得到妈妈的认可，就如王老师所说他成绩不太好，又没有什么拿得出手的东西，因此矛盾的他只能用最原始的方式来发泄，再加上父母在原学校老师的建议下带他看过医生，因此他就以此为借口，任性发泄，且发泄造成的后果，其父又会运用最简单的方式承担并加以解决，造成了他有恃无恐的心理。

处理问题时，父母总是想着怎样做才能不耽搁孩子上学，其严格也总是表现在学习上，而忽略了其正确价值观形成的引导，面对这样的孩子，作为一名班主任，我应该从全局出发。

经过各位老师的分析，我有了以下思考和做法：

（因为发生第三个案例的事情时，班内其他家长的反应非常强烈，所以就让小李停课一周，回家反思。）

首先，想办法让班内孩子们重新接纳他。因为七年级的孩子还是很单纯的，当时班上发生的那一幕，可以说是孩子们一生中最难以忘记的了，同时也给孩子们的心里蒙上了一层阴影。班内的孩子对他更有了看法，且私下里跟我说，让他不要在咱们班了。试想一个不受同学欢迎的孩子，如何在班内学习和生活？恰巧班内一个同学经常说话，周围同学都来跟我说不愿意跟他坐一块，把他调到最后面去。于是我以此为契机在班内开了一次主题班会——学会接纳，你将终身受益。告诉孩子们：每个人都有自身的缺点，但对于同学的缺点，我们应该学会接纳，并想办法帮助他去改正，而不是把他隔离。这也为小李再次被接纳做了铺垫。

其次，敞开心扉，让小李自我反思，让学生学会倾听。

一个星期的反思，小李列举出了自己的七条错误（也许有父母的引导），我让其把七条错误在班内读给大家听，读的过程中小李向同学们道歉。道歉时有意识地向同学们鞠了一躬。当时我灵机一动，让小李再鞠躬并且叮嘱他不叫他就不要起来。当时全班静极了，孩子们都丈二和尚摸不着头脑，停留了大概一分钟，我首先让被打的那位同学给他说句他想要说的话，那个孩子说了一句我原谅你了，我们还是好朋友，且还写了一封谅解书（当时我也没想到）。然后让班内威信比较高的同学对他说几句话，两位同学都对他提出了中肯的希望并鼓励他——勇于反思的你，一定能勇于改正自己的错误。于是我让全班同学齐声将这三句话向他说了三遍，才让他抬起头挺直身。此时小李已改正了第一次鞠躬时做形式的模样，脸上凝重了许多。鞠躬中的倾听，我想小李感触应该颇多。于是我再次对小李说，你既然走进了咱们班，就是咱们班的一分子，我们是一个和谐的大家庭，我相信你会给大家展示一个全新的自己，尽自己所能为这个善良又和谐的大家庭增添一份荣光。我刚说完，全班同学用掌声欢迎他重新回归到班集体。

这几天我特意观察小李上课，不爱做笔记的他开始动笔了，朗读时间也动嘴了，甚至向他的同桌主动背诵。在学习曹文轩的《罗圈腿的小猎狗》时，我特意提问他：小猎狗为什么最终赢得了主人的喜欢？他回答小猎狗凭借自己的能力与优势。我顺势说了一句你也要一样哦，他两只眼睛眨了眨，不好意思地笑了一下。同时我也询问了其他老师，课堂上的他也有些改观。当然，小李不可能一下子转变过来，也许还会有错误发生，但人不就是在犯错误中成长起来的吗？我会在平时的工作中多多关注他，适时引导他形成正确的价值观与人生观，帮助他健康成长。

小李的案例，也让我深深地懂得教育孩子爱要有分寸，育要有惩戒，教要有方法，这样我们才能有助于孩子健康快乐地成长。

王晓春：我提一个问题，请飞儿老师回答。大家也可以说说看法。

我们费了这么大力气讨论小李这个案例，可是到目前为止飞儿老师采取的对策仍然是最常见的那种，比如停课回家反省，向全班同学道歉做检讨，发动同学宽容和接纳他，都是已经普及的教育方式。就是说，即使飞儿老师不把这个案例拿来讨论，也可能直接采用这些教育措施，小李也可能有些进步。于是我们就要问：如此，我们这种劳神费力的案例研究到底意义何在？

飞儿：各位老师好，你们的分析与指导，为我今后教育小李这一类孩子指出了一个方向。可能现在的我只是站在一个老师的角度在想，首先让小李走进教室，让大家接纳他，然后再慢慢去引导他。这几天我也在根据王老师的提议不断地关注他，不断地摸索发现他的长处，从而让他在别人信任他的同时让他信任别人。在元旦表演节目筛选时，几个孩子表演完后，我让大家提意见，他就踊跃站起来说表演的时候故事情节有点乱，并具体指出了应该在哪些地方改进，我给予了他肯定，让同学们接受他的意见，并让他与节目具体负责人一同探讨，让他融入集体中。

我想如果我再遇到下一个小李，我也就不会如此简单地处理问题了。

王晓春：我来说一说，我为什么给飞儿老师提那么一个问题。我主要是想知道飞儿老师真实的收获。就是说，如果飞儿老师没参加咱们这个讨论，她也会教育这个小李，她也会采取很多措施，也很可能有收获，甚至孩子有很大的进步，说不定她还因此在班主任经验介绍时，把它作为成功案例介绍一番。但是她现在参加了讨论，听到了很多不同的意见，那么她的想法和她的做法跟原来有何不同？这才是真实的收获。我感觉飞儿老师没说清楚。她只是说，我以后遇到小李这样的学生，就不会像以前那么轻率或者是莽撞了，就会比较慎重了，这当然也是一种进步，但比较笼统。

大家注意，我们这个研究组是一个学习个案诊疗的平台。其实说穿了，根本上我们是一个学习思考的平台，我们进行的是思维训练。我们要帮助老师们，当然也是帮助我们自己学会思考，学会监控自己的思考。原来我怎么想的，后来我怎么想的，怎么变的，为什么变的，我都弄一个门儿清。我怎么走过来的，每一步都很清楚。我们学的是这个。

小李这孩子，我原来怎么看的，后来怎么看的，我怎么变的，哪个看法比较正确，哪个看法不太正确，我究竟怎么纠正过来的？这叫思维的自我监控。就好像你从你自己心里跳出去，变出另外一个自我，回过头来观察原来的自我，跳出自我看自我。这种本领，叫作思维的自我监控。我们学的就是这个。这有什么好处呢？就是将来你做事，无论办成功了还是办失败了，你都明白，不糊涂。成功了，你知道怎么成功的；失败了，你知道在哪儿摔的跟头，哪一步迈错了。这种人，未必立刻显得比别人高明，但是几年十几年以后，你会超出别人一大块，因为你活明白了。

现在的老师，据我观察，有很多人根本就是习惯性动作，谁来了他都是这一套。有时候碰上了，他就很有成绩，评个优秀啊，甚至还能够当学科带头人。实际他根本没弄清楚，糊里糊涂的就成功了。换一个班，换一个学生，他糊里糊涂又失败了。成功也好，失败也好，他都没整明白。这种老师特别多。我们就希望各位不要成为这样的人。当然你这样也不是不行，有很多人就是这活了一辈子，也是可以的。我是希望各位做研究型的教师，研究型教师就是在专业方面头脑特别清醒的人。

我办过多次个案诊疗培训班。我发现一个很普遍的现象，就是诊断和治疗相脱节。诊断的时候他说出一些看法来，可是等到治疗的时候，真正行动的时候，他还是原来那套习惯动作。他脑子里似乎有些变化，实际行动没有变化。有的人甚至出现可笑的情况。打个比方，他给孩子诊断是胃病，最后他开的药是治关节炎的，根本对不上号。怎么就叫对上号了呢？怎么算诊断与治疗相吻合呢？比如说，对小李这孩子，目前我的诊疗结果是他有三个特点，三个弱点。任性，有优越感，对人不信任。那我就非常清楚地知道我采取某个步骤是治疗哪个毛病。比如小李在元旦晚会上给节目挑一些毛病，出些主意，我就大加赞赏，接受他的正确意见。飞儿老师就是这么做的。这是治疗什么呢？治疗他对人的不信任。我们尊重小李的意见，可以让他感觉到别人的信任，这也就增加了他对别人的信任，因为信任是相互的。我不知道飞儿老师是不是达到了这种自觉，如果能达到，那就算在这一点上弄明白了。以后我在班里采取某个措施，可能就是专治他的优越感的；我采取另一措施，专治他任性的。任性很难改变，像小李的任性，现在基本上是靠外部控制，这不够，任性的根本解决办法是自我控制。但是这个非常难，要采取一系列措施。

总而言之，一个真正研究型的教师，他实行的步骤他自己心里全都清楚。我这个药是治哪个病的，医院里的医生就明白，这是退烧的，那是止疼的。咱们当老师的，虽然达不到医生这个程度，起码咱可以弄个明白。你不能糊里糊涂的，谁来了，我都爱你，包治百病。那不成卖野药的了吗！我们研究的目的就是让大家在业务上弄个明白，不是笼统地说一些空洞的话。现在说空话的教育者和所谓教育家太多了。

飞儿：王老师，说实话小李来到我班一个月发生三次大事件，我都很头疼。代课老师也多次给我说，小李半路转到咱们班，就是一个问题学生，你应该想办法让他离开咱们班。特别是第三件事发生后，这种反响更激烈。当时我也动摇了，于是就采取了让他回家反思写检讨的常规做法。但当小李回家后，看到那空空的座位，我心里有一丝涟漪，他已被原学校拒绝了求学的机会，若再把他推出去，孩子该怎么办？于是我想通过群内各位老师的分析，给予小李帮助。我把小李的案例发至群中，经过各位老师的分析以及我的调查，我收获了很多。面对问题学生，我们的处理方式不能过于武断，而应多思考寻找解决问题的方法。

但小李这次影响太大，班内孩子们已对他有了一定的看法，若不先按常规处理，他连健康成长的环境土壤都没有，何谈用策略和方法去进行个人诊治。

我下一步的计划：

经过多方了解，孩子任性与家庭环境有关，要与家长互相配合进行教育，而一个家庭的教育观有时候要循序渐进，需要一个过程。首先告诉其父母两者的教育紧密配合，不能一个和稀泥，一个简单粗暴地处理问题。然后让他们多听听孩子的内心想法。通过这两天与小李的交流发现，他说的话大部分都是父母灌输的，没有真正说出自己的想法，这也是他对我还有不信任感的表现，我想要进一步让他信任，需要我进一步思考。

至于孩子的价值观引导，对别人的不信任的改观，需要寻找教育的契机，需要一点点地渗透，并不是一次活动就能改观的。例如，课堂上讲解时，有帮助他价值观形成的机会，我会有意让他说说。学校活动时，让他多发表自己的意见，让同学们分析他的意见，哪些是合理的，哪些是不合理的，在互相辩论中，提高其对他人的信任度。

让小李逐渐学会倾听别人的意见，在倾听中学会信任他人，而不是仅仅生活在自己的世界里。

以前遇到这样的问题，只是按规矩办事，从没有静心思考过这么多——从问题学生形成的根源上去分析，运用心理学知识测试分析学生，寻求针对性方法与策略……

王晓春："以前遇到这样的问题，只是按规矩办事，从没有静心思考过这么多……"这句话很重要，这应该是飞儿老师最大的收获。这是一种自我超越。实际上相当一部分中小学教师的日常工作状态正如飞儿老师所说，"只是按规矩办事"，即我所说的"习惯性动作"。这是可以理解的，也是需要提高的，然而真能突破这种状态更上一层楼的老师确实不多。我见过不少有研究生学历的教师，其教学实践也往往是"习惯性动作"，其研究能力，也就体现在比别人更善于写文章，更善于玩概念。

获得思维的自觉性很难。我们似乎每天都在"想"，但是一般都不能清醒地觉察自己的思维轨迹，所以我们做事常常知其然而不知其所以然。比如飞儿老师让小李回家反省，到一定时期再把他请回来，让他在班里道歉做检讨，让同学们对他表示欢迎和原谅，我觉得这都是正确的。但是飞儿老师是否仔细想过，如果把这种教育措施比作一剂药，这剂药能治他的什么病？对症不对症？我想，这些措施对他的任性和优越感都有抑制作用。当众检讨由不得你，当众认错优越感必受挫，这样杀杀他的威风也很必要。只是关于他对人的不信任感，这种办法教育作用可能比较小。这就等于对"药效"进行了评估，也就为以后的治疗提供了参考。飞儿老师想到这些了吗？想得有这么细吗？

大概没有吧？如果以后有更多思考，那就向研究型教师迈一大步了。假如两位教师采用了同样的措施，都有效果，但其中一位懵懵懂懂，另一位则想得清楚细致，一位只知其然，另一位知其所以然，则他们的后续做法必有差异。我的经验是，想知道教师的专业水平，你只要问问他处理问题时的具体思路，往往高下立判。

　　总的说来，老师们的思维都太"外向"了，他们遇到事情，想的就是"该怎么办"，其实他们需要更"内向"一点，回过头来扫描一下自己的脑袋里面，看一看：我想了吗？我是怎么想的？我为什么这么想？我还可以往哪个方向想？这种老师，就是未来的研究型教师。